멈추지 않는 진화 블록체인&암호화폐 2.0

멈추지 않는 진화 블록체인&암호화폐 2.0

지은이 김기영
펴낸이 임상진
펴낸곳 (주)넥서스

초판 1쇄 발행 2018년 5월 5일
초판 3쇄 발행 2018년 6월 20일

2판 1쇄 발행 2020년 1월 28일
2판 3쇄 발행 2021년 6월 10일

출판신고 1992년 4월 3일 제311-2002-2호
주소10880 경기도 파주시 지목로 5
전화 Tel (02)330-5500 Fax (02)330-5555

ISBN 979-11-6165-845-2 03320

이 책은 한정석 GBA 서울 지부 부대표의 도움을 받아 집필할 수 있었습니다.

가격은 뒤표지에 있습니다.
잘못 만들어진 책은 구입처에서 바꾸어 드립니다.

www.nexusbook.com

멈추지 않는 진화

블록체인 & 암호화폐 2.0

김기영 지음

넥서스BIZ

프롤로그

《이토록 쉬운 블록체인&암호화폐》를 출판한 지 벌써 1년 반이라는 시간이 흘렀다. 그간 블록체인&암호화폐 업계에는 참 많은 일이 있었다. 한마디로 말하면 '다사다난했다'라는 표현이 가장 적절할 듯싶다.

2018년 초 사상 최고가(2,660만 원)를 기록했던 비트코인은 한때 300만 원대까지 떨어졌다. 검찰은 국내 최대 거래소인 업비트의 임원을 자전거래 혐의로 불구속 기소했으며, 중소벤처기업부는 암호화폐 거래소를 벤처 기업에서 제외하는 시행령을 통과시켰다. 2000개 이상의 새로운 암호화폐가 생겨났지만, 디지털 자산의 하락은 ICO 시장의 하락으로 이어졌다.

이런 악조건 속에서도 블록체인&암호화폐 시장은 꾸준히 진화했다. 뉴욕증권거래소(NYSE)를 소유하고 있는 글로벌 금융 그룹은 비트코인 선물거래 플랫폼 백트(Bakkt) 출시를 공식화했고, 삼성전자는 암호화폐 지갑과 블록체인 애플리케이션을 지원하는 스마트폰 출시를 발표했다. 페이스북·카카오·라인 등 국내외 IT 공룡들도 관련 사업에 적극적으로 뛰어들며 시장의 열기를 가열시켰다.

블록체인이 모든 문제를 해결할 수 있는 치트키는 아니지만 블록체인&암호화폐를 꼭 필요로 하는 영역이 존재한다는 공감대가 형성되기 시작했다. 비이성적인 거품은 많이 빠졌고, 본질에 대한 고민은 더 많이 이루어지고 있다.

그럼에도 불구하고 블록체인&암호화폐 업계는 여전히 갈 길이 멀다. 애플의 창업주인 스티브 잡스는 "기술은 아름답거나 보이지 않아야 한다"라고 말했지만, 여전히 다수의 세계인에게 블록체인은 복잡하고 어려운 기술이다.

필자는 지난 수년간 투자자, 교육자, 디지털 컨설턴트로서 업계를 적극적으로 팔로우했다. 이 과정에서 느낀 가장 큰 문제점 중 하나는 바로 정보의 갭(Gap)이 여전히 크다는 것이었다. 전문가와 일반 대중들 간에 거리감은 말할 것도 없고, 업계 관계자들 사이에서도 블록체인&암호화폐를 바라보는 관점이 판이한 경우가 많았다. 기술이 대중화되고 표준화되기 위해서는 이 같은 갭을 지속해서 줄여나가야 한다. 필자는 그런 역할을 하는 데 조금이나마 기여할 수 있기를 바라는 간절한 마음으로 출판을 결심하게 되었다.

이 책은 블록체인&암호화폐 업계의 핵심 개념을 이해하고 주요 트렌드를 파악하는 데 그 목적이 있다. 이를 위해 전작인《이토록 쉬운 블록체인&암호화폐》의 내용에 최신 동향을 반영하고 불필요한 정보를 삭제했다. 전작보다 기술적인 요소들을 더 많이 포함했지만 지나치게 테크니컬(technical)한 요소들은 최대한 배제했다. 블록체인이라는 개념이 여전히 낯설고 어려운 대중들도 쉽게 이해할 수 있는 책을 만들기 위해 노력했다.

"19세기에 자동차, 20세기에 PC와 인터넷이 나왔다면, 21세기는 블록체인이다."

블록체인&암호화폐는 거대한 시대적 흐름이다. 세계경제포럼 (World Economic Forum)은 세계 총생산의 10%가 블록체인 기술로 저장될 것이라 전망했다. 대형 기업들조차 블록체인&암호화폐 플랫폼을 선점하지 못하면 시장의 기회를 잡는 것이 제한적일 것으로 보인다. 이 새로운 기반 기술은 기존의 시스템을 재편하며 디지털 시대를 주도할 준비를 하고 있다.

　큰 파도를 거스르면 생존에 위협이 될 수 있다. 빠르게 다가오는 낯선 미래를 대비하기 위해서는 지속적인 고민과 공부가 필요하다. 늦었다고 생각할 때는 정말 늦었다.
　블록체인은 제2의 인터넷이다. 우리는 블록체인의 시대에 살고 있다. 블록체인 시대의 승자가 되고 싶은 독자분들께 이 책을 선물한다.

김기영

차 례

PART 1
블록체인&암호화폐는 무엇인가

기초편

PART 2
블록체인&암호화폐
핵심 트렌드 실전편

PART 3
블록체인&암호화폐
전문가 인터뷰 응용편

PART

1

블록체인&암호화폐는 무엇인가

기초편

왜 블록체인은
제2의 인터넷으로 불리는가

"19세기에 자동차가, 20세기에 인터넷이 나왔다면 21세기에는 블록체인이 있다."

세계적인 미래학자 돈 탭스콧의 말이다. 미국 실리콘밸리에서는 블록체인을 '제2의 인터넷'이라고 부른다. 필자 역시 이들의 의견에 동의한다.

현재 인류가 사용하고 있는 인터넷은 지나칠 정도로 '중앙 집중적'이라는 문제점을 갖고 있다. 이러한 구조에서 우리는 중앙 서버를 관리하는 관리자가 도덕적(ethical)이고 합리적(rational)일 것이라 믿어야 한다. 권력 기관의 부당한 요구에 'NO'라고 당당히 얘기하며, 해커들과 같은 외부인들의 공격에서 사용자의 정보를 효율적으로 지켜줄 것이라 믿어야 한다. 하지만 이러한 신뢰 관계는 꽤 오래전부터 서서히 금이 가고 있었다. 국내 최고의 금융 회사인 삼성증권은 직원 1명의 실수로 시스템이 무너졌고, 세계적인 인터넷 기업인 페이스북도 고객들의 정보를 지켜내지 못했다.

반면 블록체인은 중앙 권력(middle-man)이 필요 없는 '신뢰의 P2P 네트워크' 환경을 제공한다. 쉽게 말해, 블록체인은 결국 인터넷의 중개인을 없애는 기술이다. 비트코인을 생각해보자. 이 암호화폐는 기존의 화폐와 달리 국가라는 중앙 기관이 화폐를 통제하거나 발행하지 않는다. 비트코인의 블록체인 네트워크에서는 기존의 인터넷과 달리 제3자의 검증을 거치지 않고도 데이터의 진실성을 보장할 수 있다. 게임의 룰이 바뀐 것이다.

좀 더 구체적으로 들여다보자. 우리는 블록체인이라는 새로운 신뢰의 프로토콜(trust protocol)을 통해 거래 마찰에서 발생하는 비효율성을 최소화할 수 있다. 예컨대, 송금할 때 더 이상 은행이나 신용카드사를 거치지 않아도 된다. 주식 거래에서도 중간 관리자를 배제하여 거래 체결과 동시에 정산할 수 있다. 지나치게 높은 거래 비용 때문에 사용되지 못했던 국가 간(cross-border) 소액 결제도 블록체인을 통해 활성화할 수 있다.

또한 교육·미디어 산업 등에서 진행 중인 디지털 콘텐츠 사업의 구조를 혁신적으로 개선할 수 있다. 블록체인에 등록된 콘텐츠는 소유자가 변경되면 복사(copy)되지 않고 소유권 자체가 바로 넘어가기 때문이다. 또 하나의 핵심적인 기능은 스마트 계약(Smart Contract)이다. 블록체인에서 이루어지는 거래에는 프로그래밍 삽입이 가능하다. 파일의 형태로 존재하기 때문에 중간 관리자가 정보를 일일이 데이터베이스에 넣는 구조가 아니다.

구글, 아마존과 같은 인터넷 공룡들에게 막대한 부를 창출해준 클라우드 서비스 영역에는 이미 블록체인 바람이 불고 있다. 관련 사례로는 스토리지(Storj), 파일코인(Filecoin) 등이 있다. 일반 개인 사용자가 자신의 컴퓨터나 서버에 남는 저장 공간을 빌려주면 그 대가로 코인을 얻는 구조다. 빌리는 사람 입장에서는 저렴한 비용으로 저장 매체를 확보하고, 대여해주는 개인 입장에서는 그에 상응하는 금전적 인센티브를 얻을 수 있는 윈윈(win-win) 구조다. 블록체인을 활용하여 데이터 보안성도 강화했다.

국내에서는 카카오·라인 등이 블록체인 도입에 적극적인 자세를 취하고 있다. 카카오는 이미 블록체인 자회사인 '그라운드X'를 설립했다. 이들은 블록체인이 수많은 콘텐츠와 서비스가 유통되는 거대한 생태계라고 주장한다. 카카오의 블록체인 사업을 담당하고 있는 한재선 대표는 "블록체인은 국내 IT 기업이 해외에서 성공할 유일한 기회이자 판을 뒤집을 마지막 기회"라고 말한다. 블록체인 기술에 대한 기대감이 어느 정도인지 엿볼 수 있는 대목이다.

중앙 서버에서 모든 데이터와 정보를 관리하는 현재의 인터넷 구조는 필연적인 리스크를 수반한다. 그런 의미에서 '분산'을 통한 '탈중앙'을 지향하는 블록체인이 인터넷의 미래가 될 것이라는 주장은 그리 허황하게 들리지 않는다.

인류는 역사를 통해 배운다. 18세기 프랑스혁명은 힘과 통제의 남용이 오래 지속될 수 없음을 보여줬다. 블록체인도 마찬가지다. 권력을 지닌

소수에게 불평등을 느낀 다수의 절망감에서부터 시작됐다. 그리고 이제
는 특정 기업의 통제와 독점에서 벗어나 사용자가 중심이 되는 웹 3.0을
만들고 있다.

이미 잘 알려진 바와 같이 비트코인은 지난 몇 년간 무서운 속도로 성장했다. 2009년 1월 탄생 직후 코인 한 개 값은 50원 정도에 불과했지만 10년도 지나지 않은 2018년에는 2,000만 원을 돌파했다. 2019년 가격은 고점 대비 50% 이상 하락했으나 급격한 열기와 함께 수십 배의 이익을 본 이들이 다수 등장했다. 그래서일까? 많은 이들이 블록체인과 비트코인을 혼용해서 사용하고 있다.

블록체인은 비트코인이 아니다. 암호화폐도 아니다. 비트코인은 수많은 암호화폐 중 하나이고, 암호화폐는 블록체인이라는 기술을 이용해서 만든 성공적인 사례 중 하나에 불과하다. 하지만 블록체인을 제대로 알기 위해서는 비트코인의 탄생 배경부터 이해해야 한다.

비트코인은 2008년 미국발 금융 위기를 배경으로 등장했다. 당시 미국 정부는 금융기관들의 실패가 초래한 위기를 해결하기 위해 막대한 양의 달러를 찍어냈다. 결국 미국 달러의 가치는 추락했다. 물가는 폭등했고 금리는 바닥을 쳤다. 영원할 것이라 믿어 의심치 않았던 세계 기축통화, 달러가 무너진 것이다. 이때를 기회 삼아 소수의 자본가는 막대한 부를 챙겼지만, 대다수의 경제 구성원은 엄청난 손실을 입어야 했다. 이는 결국 기존 화폐 시스템에 대한 불신으로 이어졌다.

배신감을 느낀 지식인들은 새로운 화폐를 찾아 나서기 시작했다. 이런 사회적 흐름 속에서 사토시 나카모토(Satoshi Nakamoto)라는 가명을 쓰는 가상의 인물이 비트코인이라는 디지털 화폐를 개발했다. 가상의 인물이라 칭한 이유는 개인인지, 집단인지조차 확인되지 않기 때문이다. 이들의 화폐는 한때 유행했던 싸이월드의 '도토리'와 유사한 개념이다. 단, 비트코인은 통화를 발행하고 관리하는 중앙 기관(회사, 정부, 은행 등)이 존재하지 않는다. 개인과 개인이 직접 거래하는 P2P(Peer to Peer) 방식으로 거래가 진행된다. 해킹이 현실적으로 불가능하며 중앙 기관의 비합리적인 규제와 운영에서 자유롭다.

이러한 암호화폐의 구현을 가능케 하는 가장 핵심적인 기술이 바로 블록체인(Blockchain)이다. 블록체인은 한마디로 '탈중앙'을 지향한다. 중개자를 없애고 소비자와 공급자를 바로 연결해주는 '직거래' 기술이다. 중앙으로 몰렸던, 네트워크에 있는 거래 내역 같은 데이터를 모든 사용자에게 분산하여 저장한다. 사실 블록체인은 새로운 기술이 아니다. 학계에서는 이미 1990년대부터 해당 기술에 대한 논의가 진행되었다. 하지만 블록체인을 수면 위로 올려 대중의 이목을 집중시킨 것은 단연코 사토시 나카모토의 비트코인이었다.

블록체인은 비트코인이 아니다. 암호화폐도 아니다. 비트코인은 블록체인으로 만든 하나의 성공적인 사례다. 단, 비트코인의 등장은 블록체인이라는 개념을 세상에 알리는 데 결정적인 계기가 되었다.

블록체인 기술이란 무엇인가

블록체인을 쉽게 정의하면 데이터 분산 처리 기술이다. 아래 그림처럼 정보가 들어가 있는 블록들이 체인으로 연결되어 있는 구조다.

분산형 장부

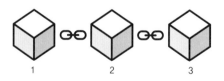

1   2   3

각각의 블록은 데이터(data), 해시(hash), 이전 블록의 해시값(hash of previous block)으로 구성되어 있다.

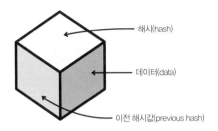

블록 구성 요소

- 해시(hash)
- 데이터(data)
- 이전 해시값(previous hash)

비트코인의 경우 데이터 안에 돈을 보낸 사람의 정보, 돈을 받은 사람의 정보, 그리고 송금 금액이 들어간다.

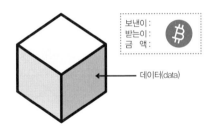

블록 구성 요소: 데이터

보낸이 :
받는이 :
금 액 :

- 데이터(data)

다음은 해시를 살펴보자. 해시는 단순하게 표현하면 사람의 '지문' 과 같다. 블록체인을 구성하는 블록들은 그들만의 고유한 '지문'을 갖게 된다.

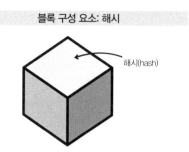

블록 구성 요소: 해시

해시(hash)

또 하나의 중요한 요소는 이전 블록의 해시값이다. 이는 각각의 블록을 연결해주는 결정적인 역할을 한다. 아래 그림을 살펴보자. 블록 3의 이전 해시값은 블록 2의 해시값과 같다. 마찬가지로 블록 2의 이전 해시값은 블록 1의 해시값과 같다.

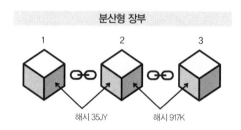

분산형 장부

1   2   3

해시 35JY   해시 917K

만약 누군가 블록 2를 조작하는 시도를 한다고 해보자. 그럴 경우 블록 3의 이전 해시값이 블록 2의 해시값과 매칭이 되지 않기 때문에 변경이 불가능하다. 다시 말해 블록 2의 정보를 조작하기 위해서는 시스템 안에 있는 모든 블록(블록 1, 블록 2, 블록 3)을 변경해야 한다. 매우 번거롭고 어려운 일이다.

분산형 장부

1
2
3

• 이전 값: NA
• 이전 값: 35JY
• 이전 값: 123A

• 해시: 35JY
• 해시: 917K
• 해시: 56XY

또한 이 각각의 해시는 그 자체만으로도 계산이 아주 어렵다. 해시는 한 방향 계산은 쉬우나 역방향 계산이 매우 어려운 함수다. 이해를 돕기 위해 예를 들어보자.

- 9/5은 몫이 1이고 나머지가 4이다 (X=9, Y=4) ➡ MOD5(9) = 4
- 8/5은 몫이 1이고 나머지가 3이다 (X=8, Y=3) ➡ MOD5(8) = 3
- 4/5은 몫이 0이고 나머지가 4이다 (X=4, Y=4) ➡ MOD5(4) = 4

앞의 수식을 일반화하여 표현하면 다음과 같다.

- Y = MOD5(X), X, Y= 양의 정수(positive integer)

이 식을 보면 재미있는 것이, X가 주어졌을 때 Y를 계산하는 방법은 간단하나 반대로 하는 것은 매우 어렵다는 점이다. Y가 3일 때 X 값은 3, 8, 13, 18 등 무한히 존재한다. 이같이 X에서 Y를 계산하기는 쉽지만 반대로 Y에서 X를 계산하기 어려운 특성을 지닌 것이 바로 블록체인의 기본이 되는 해시 함수다.

하지만 이것만으로는 충분하지 않다. 요즘 컴퓨터의 성능이 워낙 좋기 때문이다. 그래서 블록체인은 이런 기본적인 틀 위에 추가적인 안전장치를 더 걸어놓았다. 원리를 단순하게 설명하기 위해 가상의 인물 5명으로 예를 들어보자. 우성, 정재, 동원, 중기, 수현이라고 하자.

우성이는 어제 저녁 식사 자리에 지갑을 안 가져와서 정재에게 10만 원을 빌렸다. 같이 저녁을 먹은 동원, 중기, 수현은 우성이가 10만 원을 빚진 것을 안다. 오늘 우성이는 정재에게 빌린 돈 10만 원을 송금하려고 한다. 블록체인에서는 다음과 같은 방법을 통해 돈을 송금하게 된다.

1. 우성이는 정재에게 10만 원을 송금하려고 시도한다.
2. 해당 거래 정보는 '블록'이라는 상자에 보관된다.
3. 이 '블록'은 우성이와 정재뿐 아니라 동원, 중기, 수현에게도 전달된다.
4. 이 5명은 모두 블록을 열어 10만 원이 맞는지 확인하고 거래를 승인한다.
5. 만약 이 중 과반수 이상이 승인을 해주지 않는다면 거래는 승인되지 않는다.
6. 승인 시 해당 '블록'은 '체인'으로 등록된다. (한 번 등록된 블록은 영구 저장된다.)
7. 우성이는 정재에게 송금을 완료한다.

지금 이 그룹에는 5명밖에 없지만, 만약 블록체인 안에 친구들이 500명, 5,000명, 5만 명으로 늘어난다면 어떨까? 앞에서 언급했듯 블록체인을 해킹하기 위해서는 전체 참여자 중 최소 50% 이상의 블록을 뚫어야 하는데, 이는 거의 불가능에 가깝다. 또한 해당 장부는 10분마다 갱신하게 되어 있어 산술적으로 더더욱 어렵다. 세계 최고의 슈퍼컴퓨터 500대로도 해킹이 불가능하다. 이는 블록체인이 핵심적인 기술로 주목받는 이유다. 참고로 2017년 말 언론에 보도된 비트코인이 해킹되었다는 뉴스는 시스템 자체가 아니라 비트코인의 '거래소'가 해킹된 것이다.

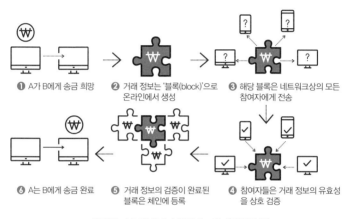

❶ A가 B에게 송금 희망　❷ 거래 정보는 '블록(block)'으로 온라인에서 생성　❸ 해당 블록은 네트워크상의 모든 참여자에게 전송

❻ A는 B에게 송금 완료　❺ 거래 정보의 검증이 완료된 블록은 체인에 등록　❹ 참여자들은 거래 정보의 유효성을 상호 검증

▲ 블록체인 거래 흐름 (출처: 〈매일경제〉, 과학기술정보통신부)

블록체인과 4차 산업 기술이 만나면?

4차 산업혁명은 세상의 모든 것이 온라인 네트워크로 연결되는 초연결, 초지능 사회다. 그리고 블록체인은 바로 그 연결과 지능을 구현하기 위한 핵심 인프라가 될 것이다. 블록체인과 4차 산업 기술이 만났을 때는 어떤 새로운 발전이 이루어질까?

첫 번째 예로 사물인터넷(IoT)을 살펴보자. 사물인터넷은 체중계, 냉장고, 자동차, TV 등 우리가 자주 사용하는 장치에 칩을 탑재하여 조정하는 기술이다. 예컨대, 냉장고에 있는 식재료의 유통기한이 지나면 냉장고가 "주인님, 이 음식은 먹지 않는 게 좋겠습니다"와 같은 신호를 보낸다. 혹은 약을 먹어야 할 시간에 약 뚜껑이 열리지 않으면 센서가 이를 감지하고 정보를 담당 의사에게 전송한다.

시장 조사 전문 업체 가트너는, 2020년 이후에는 사물인터넷 기기

(connected things, 인터넷에 연결된 사물)의 수가 250억 개를 돌파하고 시장 규모는 3,000조 원까지 성장할 것이라 예측했다. 이 250억 개가 넘는 기기에서는 끊임없이 데이터가 생성된다. 사물인터넷이 완벽하게 대중화될 경우에는 무한에 가까운 디바이스에서 무한에 가까운 데이터가 나올 것이다.

하지만 이같이 방대한 양의 데이터는 현재의 중앙형 데이터베이스로 처리하기 어렵다. 기술적으로 불가능하지는 않지만 천문학적인 비용과 시간이 소요된다. 보안 문제 역시 심각하다. 기존의 온라인 신뢰 인프라는 단일 시스템을 중심으로 개발되었기 때문에 몇백억 개의 디바이스가 생성하는 엄청난 양의 데이터가 낯설 수밖에 없다.

이때 블록체인의 분산원장 기술을 사용하면 이러한 장애물을 극복할 수 있다. 블록체인 기반 사물인터넷은 분산 처리를 하기 때문에 디도스와 같은 공격을 예방할 수 있고, 각 디바이스가 데이터를 보유하고 검증하기 때문에 위·변조가 어렵다.

또한 디바이스 간의 연결을 기반으로 처리하기 때문에 일부 기기에 문제가 있어도 전체 시스템에 미치는 영향이 상대적으로 적다. 또한 중앙 서버의 경우 처리할 수 있는 양을 넘어서는 기기가 추가되면 문제가 생기지만, 블록체인 기반 사물인터넷은 P2P 방식으로 운영되기 때문에 이 같은 문제에서 비교적 자유롭다.

아이러니하게도 중앙 집중형 시스템의 선구자인 IBM 역시 블록체인이 사물인터넷의 가능성을 키우는 데 핵심적인 역할을 할 것이라 주장한다. 실제로 IBM은 세계 최대 해운사 머스크와 함께 블록체인을 기반으로 하는 사물인터넷을 현장에 적용했다.

또 다른 예로 인공지능(AI)을 살펴보자. 이미 구글 산하의 인공지능 회사 딥마인드(DeepMind)는 블록체인과 의료 서비스를 융합해 새로운 시장을 개척하고 있다. 이 회사는 컴퓨터에 대량의 질병 증상과 해당 이미지를 학습 시켜 스캔 데이터만으로 질환을 찾아내는 것을 목표로 한다. 이를 위해서는 방대한 의료 데이터가 필요한데, 의료 데이터의 경우 환자의 개인 정보 보호로 인해 매우 조심스럽게 다뤄져야 한다.

실제 구글은 영국 NHS 병원과 제휴해 인공지능 기술을 도입했지만, 환자의 동의를 받지 않고 데이터를 수집해 여론의 질타를 받았다. 이후 구글은 개인 정보를 취급하는 의료 플랫폼으로, 신뢰를 회복하기 위해 '입증 가능한 데이터 검사(Verifiable Data Audit)'로 불리는 블록체인 기술을 도입했다. 해당 기술을 이용하면 환자 데이터가 언제, 어느 목적으로 사용되었는지 실시간으로 추적할 수 있다. 단, 여타 블록체인 기술과 마찬가지로 정보 수정은 불가능하고 기록만 가능하다. 이를 통해 딥마인드는 더 자유롭게 인공지능 학습에 필요한 환자 데이터를 수집할 수 있게 되었다.

금융권에서도 인공지능과 블록체인을 접목하는 사례가 점차 늘고 있다. 미국의 3대 자산운용사 중 하나인 스테이트스트리트 글로벌어드바이저(SSGA)의 경우 인공지능을 통해 분석한 데이터를 투자 결정에 활용하고 있다. 고객 정보를 인공지능 알고리즘에 넣고 학습시킨 후 특정한 투자 패턴을 찾아내도록 하는 방식인데, 이를 구현하기 위해 블록체인 기술이 사용된다. 앞의 사례들과 마찬가지로 블록체인상에 기록된 데이터들은 임의로 변경할 수 없다. 또한 어떤 거래가 오갔는지 이에 대한 정보는 확인할 수 있지만 누가 거래했는지 이에 대한 정보는 제공하지 않기에 익명성도 보장된다. 블록체인이 인공지능 분석 결과물에 '신뢰'를 부여한 것이다.

다보스포럼에서는 4차 산업혁명을 사회 전반에 걸쳐 기존의 패러다임을 깨트리는 파괴적인 혁신 현상이라고 정의했다. 그리고 그 중심에는 사물인터넷, 인공지능 등이 있지만, 만약 블록체인이라는 핵심 인프라가 없다면 4차 산업혁명의 완성은 어려울 것이다. 블록체인의 파괴력에 기반을 둔 경제적 변화는 이미 시작되었다. 보안성, 투명성, 효율성을 갖춘 블록체인 기술에 대한 의식 제고가 그 어느 때보다 필요한 시점이다.

블록체인은 기업에서
어떻게 활용될 수 있는가

글로벌 대기업들은 앞다퉈 블록체인 산업에 뛰어들고 있다. 이번에는 블록체인이 기업에서 어떻게 활용되고 있는지 대표적인 사례 몇 가지를 조금 더 구체적으로 알아보자.

머스크 (Maersk)

세계 최대 해운사 머스크(Maersk)는 IBM과 함께 블록체인 기술을 기반으로 하는 사물인터넷을 현장에 적용했다. 이들은 1,000만 개에 달하는 머스크의 컨테이너에 센서를 내장해 물건의 이동을 추적하고, 블록체인 기술로 검증 작업을 진행한다. 이처럼 좀 더 '안전한 방식'을 통해 일을 처리하고, 불필요한 서류 작업을 없앰으로써 업무 효율성을 대폭 향상한다는 목표를 세웠다. 머스크와 IBM의 조인트벤처는 블록체인 기술 활용을 통해 세계 해운·물류 시장에서 전체적으로 약 28조 8,000억 원가량의 비용을 절감할 수 있을 것으로 예상했다.

월마트 (Walmart)

세계보건기구(WHO)에 따르면, 오염된 음식으로 인해 매년 42만 명의 사람들이 죽고, 10명 중 1명이 이와 관련한 질병에 노출된다. 중국은 특히 문제가 심각하다. 얼마 전에는 중국 최대 규모의 가공 돈육 제조사가 불법적인 사료 첨가물을 사용해 제품을 오염시킨 것이 적발되었다.

중국 월마트는 이 같은 문제를 해결하기 위해 식료품 공급망 전체에 블록체인 기술을 적용하는 프로젝트를 진행했다. 월마트는 IBM과 함께 돼지고기의 유통 경로를 블록체인화해서, 특정 제품이 어느 단계에서 오염되는지 추적할 수 있는 시스템을 구축했다. 식자재가 생산되는 순간부터 고객의 부엌까지 어떻게 흘러가는지를 투명하고 안전하게 관리하는 것이 목적이다. 방법은 다음과 같다.

① 축산업자는 돼지에 사물인터넷(IoT) 센서를 부착한다. 이를 통해 사육 환경 방식 데이터를 블록체인 시스템에 실시간으로 저장한다.

② 가공 업체는 센서가 부착된 돼지고기를 전달받는다. 이후 가공 업체는 가공과 관련된 정보를 사물인터넷 센서에 입력하고 블록체인에 저장한다.

③ 이후 운송 과정에서는 부착된 센서를 통해 습도와 온도 등을 측정해서 블록체인에 기록한다.

④ 도소매 업체에서는 판매 환경과 같은 데이터를 입력한다.

⑤ 이같이 공급망에서 단계별로 획득한 정보는 블록체인 기술을 통해 영구 저장
되어 관리된다.

월마트는 이 같은 방법을 통해 음식 유통 공급망의 정확성과 안전성을
훼손시키는 기존 검사 시스템의 문제점을 보완했다. 예컨대, 기존에는 돼
지고기에 문제가 발생하면 수백 명의 조사관이 2주가량 조사를 해야만
돼지고기의 유통 경로를 추적할 수 있었다. 하지만 블록체인을 도입해 실
험해본 결과, 월마트와 IBM은 이 모든 과정을 단 몇 초 만에 파악할 수
있었다. 월마트는 이를 통해 사고 발생 시 빠르게 원인을 규명해 대응함
으로써 잠재적 비용을 절감하는 효과를 볼 수 있었다.

에어버스 (Airbus)

에어버스는 프랑스의 항공기 제작 회사다. 에어버스는 블록체인 시스
템을 부품의 생산 및 유통에 적용해 효율성을 높이고 있다. 예컨대, 에어
버스는 부품 설계도를 블록체인 시스템에 저장해 각국의 협력 공장에 보
낸다. 블록체인 시스템상에서 동일한 계약임이 확인되면, 하청 업체에 있
는 3D 프린터기를 통해 부품을 '정확'하고 '안전'하게 인쇄하게 된다. 이
를 통해 에어버스는 설계도 유출을 막음과 동시에 훨씬 더 빠른 속도로
부품을 생산할 수 있게 되었다.

코닥 (Kodak)

코닥은 한때 필름 시장의 최강자로 군림했던 미국의 이미지 솔루션 기

업이다. 코닥은 2012년 파산 보호 신청을 했고, 2013년에는 주축 사업이던 필름과 카메라 사업부를 정리하고 이미지 솔루션 서비스 전문 기업으로 전환했다. 그동안 축적해온 다양한 특허 기술들도 마이크로소프트와 같은 대형 IT 회사에게 넘어가 버렸다.

천당과 지옥을 모두 경험한 코닥이 블록체인 기술을 통한 재기를 꿈꾸고 있다. 코닥은 2018년 1월 블록체인 기술을 기반으로 하는 사진 거래 플랫폼 '코닥원(KODAKOne)'을 공개했고, 해당 프로젝트의 베타 기간 동안 총 100만 달러의 수익을 거뒀다고 밝혔다. 코닥원 플랫폼의 사용 방법은 다음과 같다.

① 사진작가가 코닥원에 사진을 등록한다.

② 사진을 등록하면 저작권 정보가 입력된 데이터 블록이 만들어진다.

③ 플랫폼 내에서 소비자가 사진을 다운로드받으면 사진작가에게 저작권료로 코닥코인(KODAKCoin)이 전송된다. 스마트 계약에 따라 모든 거래는 조건이 충족될 경우 즉시 실행된다.

④ 사진작가와 사진의 구매자는 거래 정보가 담긴 장부를 분산해 소유한다.

⑤ 이후 이루어지는 거래 정보도 지속적으로 업데이트된다.

이를 통해 코닥은 사진 공유 수수료를 낮추고 불법 이미지 사용을 원천 봉쇄할 수 있다고 주장한다. 또한 사진작가 역시 코닥원 플랫폼을 사용하면 기존 사진 공유 플랫폼에 비해 좀 더 높은 저작권료를 받을 수 있다. 코닥의 주식은 이 자료를 공개한 후 단 하루 만에 전일 대비 118%가

급등했다. 코닥의 CEO인 제프 클라크(Jeff Clarke)는 블록체인 기술을 기반으로 하는 사진 공유 플랫폼을 통해서 "사진을 민주화하고 예술가에게 공정한 라이선스를 제공하고 싶다"라는 포부를 밝혔다. 블록체인은 과연 코닥에게 또 한 번의 기회를 가져다줄까? 전 세계의 이목이 집중되고 있다.

도요타 (Toyota)

자동차의 미래를 설명하기 위한 키워드를 꼽으라면 '자율주행차×차량 공유'일 것이다. 일본의 도요타 자동차는 두 마리 토끼를 모두 잡으려하고 있다. 도요타가 제시한 답안은 블록체인이다. IT 전문지인 〈테크크런치(Tech Crunch)〉에 따르면 도요타는 블록체인 기술을 자율주행차에 도입할 방안을 모색하기 위해 미국 MIT 산하 미디어 랩 등과 제휴를 맺었다.

도요타 자동차는 우선 블록체인을 기반으로 하는 차량 공유 플랫폼을 구축하려고 한다. 이들이 구상하는 자율주행차×차량 공유의 미래는 다음과 같다.

① 플랫폼의 사용자가 도요타 플랫폼을 통해 차를 부른다.
② 사용자가 '원하는 곳'에 '원하는 차량'이 올 수 있는지 확인한다. 도요타와 사용자 간의 조건이 맞으면 스마트 계약(smart contract)를 통해 자동으로 거래가 이루어진다.
③ 계약이 완료되면 해당 거래는 블록체인에 등록된다.

④ 사용자가 요청한 차량이 사용자가 있는 곳으로 '자율주행'하여 온다. 차 문을 열고 시동을 켜는 권한은 사용자에게만 주어진다.

⑤ 고객이 원하는 목적지에서 하차한다.

⑥ 하차한 고객에게는 더 이상 차량 접근 권한이 없다. 차량의 통제권은 도요타가 다시 가져간다.

도요타는 이 과정에서 생성되는 데이터를 블록체인 기술을 통해 안전하고 저렴하게 저장하고 관리할 수 있다. 이와 더불어 확보한 데이터를 기반으로 하는 보험 상품 등도 개발할 수 있을 것이다. 도요타의 크리스 밸린저(Chris Ballinger) CFO(최고재무책임자)도 말했듯 안전하고 신뢰할 수 있는 자율주행차를 개발하기 위해서는 어마어마한 양의 데이터를 확보해야 한다. 그리고 블록체인 기술은 도요타와 같은 자동차 제조사들이 이 같은 데이터를 확보하는 데 소요되는 시간을 단축시킴으로써 차세대 자동차의 상용화를 앞당길 것으로 전망된다.

암호화폐 종류를 정리하면

아직까지도 암호화폐를 비트코인이라고 생각하는 사람들이 대부분이다. 그럴 만도 한 것이 2019년 10월 기준 비트코인의 시장 점유율은 약 67%로 총 2,965여 개에 달하는 암호화폐 시장에서 압도적인 점유율을 자랑하고 있다. 게다가 2018년 이전엔 그 숫자가 80% 이상에 육박하기도 했었다. 하지만 암호화폐와 비트코인을 동일시하는 것은 매우 잘못되고 위험한 생각이다. 앞에서 언급했듯이 암호화폐의 종류는 현재 약 2,000~3000여 개가 되며 2018년 1월에는 비트코인의 점유율이 30%대로 급락하기도 했었다.

이번 챕터에서는 비트코인을 제외한 다른 암호화폐들에 대해서도 간략하게 소개하고자 한다. 이 코인들이 가장 유망하거나 기술적으로 뛰어나서가 아니라, 단순히 비트코인 말고도 다른 코인이 있다는 점을 알려주기 위해 임의로 각기 다른 7개의 코인을 고른 것이니 오해가 없길 바란다.

이더리움 (Ethereum)[1]

이더리움은 러시아 이민자 출신의 캐나다인 비탈릭 부테린(Vitalik Buterin)이 2015년 11월 1일 발표한 대표적인 알트코인이며, 비트코인 2.0으로 불리기도 했다. 사실 이더리움은 플랫폼으로 보는 게 맞으며 이더리움이 제공하는 "Ether(이더)"가 알트코인이지만 업계에선 이 구분 없이 알트코인을 이더리움으로 칭하고 있다.

이더리움 플랫폼의 특징은 분산 응용 애플리케이션이라 볼 수 있다. 유저들은 오픈소스를 이용하여 디앱(DApp, 탈중앙화 애플리케이션)을 만들 수 있고, 기존 블록체인이 금융 거래에 특화되어 있었다면 이더리움은 블록체인이 화폐 거래 기록뿐만 아니라 다양한 분야에도 도입되는 것을 용이하게 만들었다.

그중 가장 대표적인 특징은 스마트 계약이라는 것이다. 스마트 계약은 특정 조건이 성립될 시 계약이 성립되거나 해제되는 기능을 가능케 하는 기술이다. 이러한 기능이 탑재된 이더리움은 양자 계약, 이메일, 전자 투표 등 다양한 분야에서 광범위하게 사용될 수 있을 것으로 보인다. 이더리움의 혁신적인 특징으로 2017년에는 총 1,090개의 디앱과 700개 이

---

1 출처: http://wiki.hash.kr/index.php/%EC%9D%B4%EB%8D%94%EB%A6%AC%EC%9B%80

상의 암호화폐가 이더리움을 기반으로 개발되었다.

하지만 이더리움은 2016년 5~6월경 발생한 다오(DAO) 해킹 사건으로 화폐의 보안성을 의심받고 있다. 다오는 이더리움 기반의 투자 프로젝트였는데, 투자 총액 약 2,000억 원 중 750억 원에 달하는 코인이 해킹을 당했다. 이에 대한 조치로 하드포크(다른 종류의 암호화폐를 만드는 것)가 압도적 지지를 받아 해킹을 당한 코인이 이더리움에서 분리되었으며, 이때 분리된 새로운 암호화폐가 이더리움 클래식이다.

리플 (Ripple)[2]

리플은 은행 간의 비효율적인 송금 방식에 대한 솔루션으로 제작되었으며, 리플넷(Ripple Net)이라는 블록체인 네트워크를 사용해 중앙은행이나 정부를 거치지 아니하고 은행 간의 거래가 이뤄지는 시스템이다. 이처럼 중간 관리자의 간섭이 없는 이점 덕분에 스탠다드차타드, 유니크레딧, 일본 최대 은행인 MUFG(미쓰비시UFJ파이낸셜 그룹) 등 여러 회사가 리플넷에 가입했고, 2017년엔 아메리칸 익스프레스, 2018년엔 미국 10대 은행 중 하나인 PNC뱅크가 리플넷 가입을 선언했다.

리플의 장점은 송금 속도에 있다. 해외 송금이 예전에 통상 2~3일 정도 걸렸다면, 리플넷은 27개국 간 글로벌 송금이 실시간으로 이루어질 수 있도록 한다. 기타 다른 암호화폐와 다른 점이 있다면 채굴이 아닌 합의로 암호화폐가 발행된다는 점이다. 암호화폐 거래소에선 XRP라는 이

---

2 출처: http://wiki.hash.kr/index.php/%EB%A6%AC%ED%94%8C

름으로 거래가 되고 있으며 2019년 하반기 기준 시가총액 약 120억 달러로 전체 코인마켓에서 3위를 기록 중이다.

테더 (Tether)

테더 리미티드(Tether Limited)라는 독자적인 기관에서 발행되는 '스테이블 코인'이다. 스테이블 코인은 앞에 언급된 코인들과는 조금 다른 유형의 암호화폐라 볼 수 있는데, 암호화폐를 기존의 화폐나 실물자산과 연동시켜 가치의 안정성을 보장해준다. 1테더는 원칙적으로 항상 1달러의 가치를 가진다.

달러를 금에 고정하는 금본위제와 유사한 형태다. 이러한 안정적인 가치로 여러 암호화폐 거래소에서 기축통화와 같은 역할을 하고 있기도 하다. 최근 들어 회계 감사 논란, 암호화폐 시세 조작 의혹 등 여러 가지 이슈가 있었다. 그런데도 2019년 하반기 기준 스테이블 코인 시가총액 부동의 1위 자리를 지키고 있다.

이오스 (EOS)

이오스는 이더리움과 유사하게 디앱 지원을 위하여 개발된 네트워크이자 플랫폼이며 3세대 블록체인이라 알려져 있다. 초기에는 이더리움을 기반으로 개발이 되었으나 2018년 6월 자체 메인넷(독자적인 플랫폼)을 런칭했다. "이더리움 킬러"라고도 불리기도 하는데 이더리움의 높은 수수료와 느린 처리 속도 등을 해결하기 위한 대안으로 평가받기도 했다. 이오스의 가장 큰 특징 중 하나는 바로 네트워크가 운영되는 방식, 즉 거버넌스(Governance)이다.

이오스에서는 코인 보유자들이 투표를 통해 블록 생성자를 직접 선출한다. 전체 네트워크로부터 합의를 도출하는 방식은 아니다. 선출된 소수의 대표 노드만 합의 과정에 참여하고, 이를 통해 처리 속도를 혁신적으로 개선할 수 있었다. 대다수의 암호화폐와 달리 이오스에서는 분쟁 조정이 가능하다. 이오스에서는 코드가 법이 아니라 '코드의 의도가 법'이기 때문이다.(Code is not law. The 'intent of code' is law)[3] 이오스는 2019년 10월 기준 시가 총액 3조 원대를 기록하고 있으며 시가 순위 Top 10 안에 지속해서 이름을 올리고 있다.

라이트코인 (Litecoin)

라이트코인은 구글의 전 소프트웨어 엔지니어였던 찰리 리(Chaeles Lee)가 2011년 10월 7일 공개했다. 비트코인 프로그램 코드는 오픈소스였는데 이 소스를 응용하여 만들었다. 2019년 하반기 기준 시가 총액 Top 10에 들어가는 메이저 알트코인 중 하나다. 라이트코인과 비트코인의 차이는 속도와 효율성에 있다. 비트코인이 10분당 하나의 블록을 생성한다면 라이트코인은 2분 30초당 하나의 블록을 생성하는 게 가능하다. 즉 거래의 속도가 4배 정도 빨라진다는 것을 의미하는 것이다. 또한 라이트코인은 총 8,400만 개의 코인을 발행하는데 이는 2,100만 개의

---

3 출처: https://medium.com/@bytemaster/the-intent-of-code-is-law-c0e0cd318032

비트코인보다 4배가량 더 많은 것이다. 그래서 많은 사람은 라이트코인이 비트코인보다 일상생활에서 좀 더 쓰임새가 많아질 것이라 예측했다. 하지만 라이트코인 기반의 결제 시스템인 라이트페이(LitePay)가 무기한 연기되며 재단의 운영 능력이 도마 위에 오른 바 있다.

대시 (Dash)

대시는 2014년 1월에 최초 발행되었으며, 기존엔 Xcoin, DarkCoin으로 불렸으나 2015년 3월에 대시로 이름이 정해졌다. 대시 코인의 특징은 즉각성, 개인 정보, 보안성 등으로 표현된다. 매우 안전하게 만들어진 코인이며 사용 기록과 잔고 등 많은 부분이 공개되지 않는다. 또한 대시는 어디서든 쉽게 사용할 수 있다는 것이 장점이다. 실제로 오픈소스 플랫폼에서 온·오프라인 결제가 실시간으로 가능하다. 대시는 최종 공급량이 2,250만 개인데 매년 7.14%씩 발행량이 줄어드는 구조로 이루어져 있으며, 홈페이지에는 대시를 사용할 수 있는 곳들이 소개되어 있다.

모네로 (Monero)

모네로는 2014년 4월 개발된 암호화폐로 가장 큰 특징은 완벽에 가까운 익명성을 보장해준다는 것이다. 모네로 내에서 거래가 이루어지면 특정 그룹 내에서 거래 내역들이 섞이게 되어 자산이 어디에서 왔는지 알수가 없다.

▲ 여러 거래들이 섞이게 되는 모네로의 특징 (출처: http://tunadubu.tistory.com/44)

    이처럼 여러 거래가 섞이게 되는 모네로의 경우 비트코인보다 더 완벽하게 익명성을 보장해준다. 이 때문에 인터넷을 통한 마약 거래 같은 사이버 범죄에 이용되어 부작용들이 속출할 수 있는 우려도 제기된다.

    '양날의 검'이라는 말이 있다. 어떤 일을 행하는 데 잘 쓰면 본인에게 이롭지만, 그렇지 못할 경우 해가 되는 상황을 나타낼 때 쓰는 말이다. 암호화폐도 마찬가지다. 잘못 쓰면 자신뿐 아니라 타인에게도 피해를 주지만 적절하게 쓰면 우리의 삶을 개선하는 사회적·경제적 도구의 역할을 훌륭히 해낼 수 있다. 암호화폐, 치열하게 고민하고 현명하게 활용하자.

암호화폐 열풍이 불면서 '채굴'에 대한 이야기를 많이 접했을 것이다. 블록체인
에서 채굴은 매우 중요한 개념이다. 특히 비트코인이 기반으로 하는 블록체인
을 이해하기 위해서는 채굴에 대한 정확한 개념 정리가 필요하다.

비트코인에서 발생한 거래 내역은 네트워크를 통해 참여자들에게 투명하게 공
유되어야 한다. 그렇다면 누군가는 이 거래 내역을 기록하는 역할을 해야 한다.
더불어 해당 거래 내용을 블록에 담아 사용자들에게 전파하고, 전파된 블록이
진짜인지 가짜인지에 대한 검증도 필요하다. 이 같은 작업들을 수행하기 위해
서는 노동시간 · 전력 자원 등 비용이 필연적으로 발생하게 된다. 따라서, 아무
런 보상 없이 이런 일들을 해주는 사람을 찾기는 어려울 것이다.

비트코인의 창시자인 사토시 나카모토는 이에 대한 솔루션으로 '채굴(mining)'
이라는 방법을 제시했다. 발생한 거래 내역을 작업증명(Proof of Work, PoW)을
통해 블록에 기록하고 전파해주는 이들에게 비트코인이라는 코인을 '보상'으로
지급하는 것이다. 그리고 우리는 이 과정을 '채굴'이라고 총칭한다.

| 작업증명 | 보상 | 채굴 |

여기까지 이해했으면 독자들은 다음과 같은 의문점들이 생길 것이다.
그렇다면 '블록'은 어떻게 등록 · 생성하는 것인가?
생성된 '블록'이 진짜인지 가짜인지는 어떻게 검증하는가?

질문 1) '블록'은 어떻게 등록 · 생성하는 것인가?
앞에서 언급했듯 비트코인의 블록은 '작업증명'이라는 방법을 통해 네트워크에
등록된다. 작업증명은 컴퓨터 연산을 통해 처리된다. 컴퓨터 연산은 수학 문제

를 푸는 것과 유사한 개념인데, 쉽게 설명하면 수학 문제를 '가장 잘 푼 채굴자'들이 블록에 기록할 권한이 더 커지는 구조다.

이때 앞에서 얘기한 해시함수가 등장한다. 해시함수를 사용하면 입력된 값의 일부만 바꿔도 전혀 다른 출력값이 나오게 된다. 예를 들어보자. '김기영천재'와 '김기영천재x'를 'SHA256'이라는 프로그램을 통해서 해싱(Hashing)하면 아래와 같은 결과물이 나온다.

김기영천재 → E40C10C4E343E6148D8BBEC5708E84868344B9642C72560
3EDA8712BBB37DB11

김기영천재x → 22163E92D11A9566481AD2C1D06E4E0D7100EA7AD8804E9
60C66144851CD3DB9

'x'라는 단어 하나만 넣었을 뿐인데 완벽하게 다른 출력값이 나오는 것이다. 정확하게 똑같은 입력값을 넣어야만 정확하게 똑같은 출력값을 받을 수 있다. 점 하나만 달라도 결과가 달라진다. 블록체인 위에 올라오는 블록들에게는 각각의 고유한 해시값이 설정된다. 작업증명은 이 해시값을 찾는 행위를 뜻한다. 정해진 값보다 낮은 값을 찾으면 성공한다. 단, 다른 성공한 채굴자보다 더 복잡한 해시값을 만들어야 한다.

복잡함 1위: AAAAAABC
복잡함 2위: AAAAAAAB
복잡함 3위: AAAAAAAA

이는 빼빼로 게임과 유사한 개념이다. 기본적으로 빼빼로를 조금만 먹어도 미션은 성공하지만, 많이 먹어서 가장 짧게 만드는 팀이 1등을 할 수 있다. 이처럼 컴퓨터 연산, 즉 수학 문제를 푸는 과정은 생각보다 단순하다.

블록체인에서 난이도 조절은 논스(Nonce)를 통해 조정한다. 논스라는 무작위 숫자를 0부터 1씩 반복해서 늘린다. 이 과정은 블록에 설정된 해시값보다 작은 숫자가 나올 때까지 진행된다. 난이도보다 낮은 숫자를 제일 '빨리', '많이' 찾은 채굴자의 블록이 네트워크에 기록되면 '작업증명'이 끝난다.

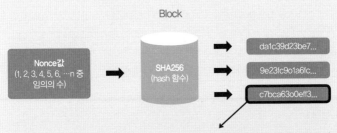

▲ 작업증명을 통한 블록 등록 과정 (출처: 뱅크샐러드)

질문 2) 생성된 '블록'이 진짜인지 가짜인지는 어떻게 검증하는가?

블록에 대한 검증은 앞서 언급했듯 과반수의 합의로 이루어진다(앞에서 제시한 예시는 독자의 이해를 돕기 위해 단순화하여 설명한 것이니 참고해주길 바란다). 하지만 블록체인에서는 한 명이 하나의 투표권을 가지는 현실 세계에서의 선거 제도와는 다르다. 비트코인이 기반으로 하는 블록체인의 세상에서는 가장 많은 작업을 한 노드(Node)가 어느 블록이 진짜인지 가짜인지를 결정할 수 있는 권한을 더 많이 부여받게 된다.

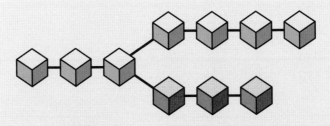

▲ 블록체인 합의 기술 – 롱거스트 체인 룰(Longest Chain Rule)

특정 시점에 2개의 블록이 동시에 만들어지면 그림과 같이 블록체인이 나눠질 수 있지만, 블록체인은 대다수의 합의가 모인 '가장 긴 체인'을 선택한다. 다시 말해 회색 블록들이 모인 짧은 블록체인은 버려지고, 조금 더 긴 파란색 블록들이 원본이 되는 것이다. 회색 블록이 없어지면서 네트워크에 있는 모든 참여자는 동일한 블록체인을 유지하게 된다. 사용자가 정확히 50:50으로 나눠진다면 양쪽 체인이 동일한 길이를 유지하며 길어질 수도 있다. 하지만 이런 상황이 계속 유지될 확률은 매우 희박하다. 과반을 확보한 '가장 긴 블록체인'이 생길 것이고, 사용자가 가진 블록체인은 하나로 통일된다.

포크(fork)란 무엇인가

암호화폐를 거래하다 보면 포크(fork)라는 단어가 심심찮게 등장한다.

우리는 가정이나 레스토랑 등 음식점에서 식사를 할 때 포크를 사용한다. 포크의 생김새를 자세히 보면 손잡이 부분은 하나의 일직선으로 이루어져 있으나 끝부분으로 가면 네다섯 개의 줄기로 갈라져 있다.

암호화폐에서 사용하는 포크라는 의미 역시 일반적인 포크와 유사하다. 즉 하나의 체인에서 여러 줄기로 뻗어 나가는 것을 포크라고 한다. 포크에는 두 가지 종류가 있다. 하드포크와 소프트포크라고 불리는 두 가지가 바로 그 주인공이다.

대부분 블록은 하나의 방식으로 연결되어 있다. 하지만 중요한 업그레이드를 할 경우 혹은 치명적인 오류나 문제점이 발생해 수정할 수밖에 없는 상황이 닥쳤을 경우에는 하드포크를 이용해야 한다. 이때 하드포크는 기존의 체인과 호환되지 않는 새로운 방식의 체인을 만든다. 즉 다른 종류의 암호화폐를 만든다고 생각하면 된다.

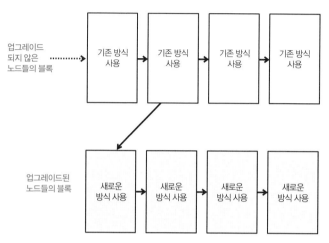

▲ 하드포크의 특징 (출처: Investopedia)

예를 들어 매우 부패한 기업인이 있다고 가정해보자. 만약 이 기업인이 기업 자금을 이용해서 불법적인 이득을 취하기 위해 새로운 사업을 추진한다고 했을 때, 이 기업인은 기존의 장부를 그대로 복사할 것이다. 그리고 불법 사업을 추진하려고 한 시점부터 새로운 장부를 만들기 시작한다. 새로운 장부는 물론 기존에 있던 오리지널 장부의 내용을 포함하고 있다. 하지만 앞으로 작성되는 불법 사업의 장부는 기존 장부와는 다르게 채워질 것이다.

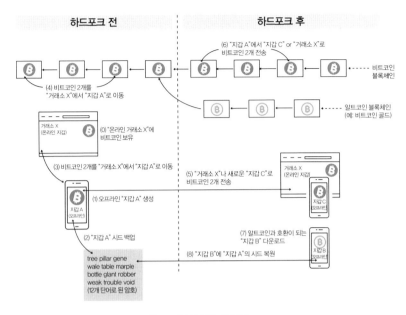

하드포크 전 | 하드포크 후

(6) "지갑 A"에서 "지갑 C" or "거래소 X"로 비트코인 2개 전송

비트코인 블록체인

(4) 비트코인 2개를 "거래소 X"에서 "지갑 A"로 이동

알트코인 블록체인 (예: 비트코인 골드)

거래소 X (온라인 지갑)
(0) "온라인 거래소 X"에 비트코인 보유

(3) 비트코인 2개를 "거래소 X"에서 "지갑 A"로 이동

(5) "거래소 X"나 새로운 "지갑 C"로 비트코인 2개 전송

거래소 X (온라인 지갑)

(1) 오프라인 "지갑 A" 생성

지갑 A (오프라인)

지갑 C (오프라인)

(2) "지갑 A" 시드 백업

(7) 알트코인과 호환이 되는 "지갑 B" 다운로드

지갑 B (오프라인)

(8) "지갑 B"에 "지갑 A"의 시드 복원

tree pillar gene
wale table marple
bottle giant robber
weak trouble void
(12개 단어로 된 암호)

▲ 하드포크의 특징 (출처: 위키백과)

하드포크를 위해서 코인을 채굴하는 경우 채굴자들의 의견이 중요하게 반영되며 투표를 통해 진행된다. 왜? 블록을 만드는 사람들은 결국 채굴자들이다. 채굴자들의 동의가 필요한 것이 당연하다.

하드포크는 새로운 분기점에서 두 갈래로 나뉘어 기존의 방식과 새로운 방식으로 두 개의 체인이 생긴다고 설명했다. 이에 반해 소프트포크는 말 그대로 하드포크보다 극단적이지는 않다. 블록체인에 큰 영향을 미치지 않고 기존 블록을 수정 혹은 보완한다고 생각하면 된다.

소프트포크로 생성된 블록들은 기존의 방식과 새로운 방식 두 가지 모두 사용하게 된다. 개념적인 방법은 간단하다. 기존에 있던 체인을 그대로 찍어낸 후에 이를 수정해 체인에 덧붙이면 되는 것이다. 일반 업데이트들은 그래서 소프트포크로 진행된다.

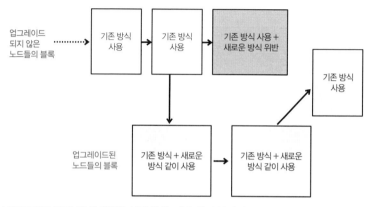

소프트포크에서 새로운 방식을 위반하는 블록들은 업그레이드된 과반수의 채굴자들에 의해 자연스럽게 배척된다.

▲ 소프트포크의 특징 (출처: Investopedia)

그렇다면 하드포크와 소프트포크의 가장 큰 차이점은 무엇일까?

둘의 가장 큰 차이점은 유저가 사용 버전을 업그레이드해야 하는지 그 여부에 따라 달라진다. 소프트포크를 하게 된다면 채굴자는 반드시 새로운 버전으로 업그레이드해야 하지만 유저는 기존 버전을 사용해도 정상적인 사용이 가능하다. 하지만 하드포크는 채굴자와 유저 모두 업그레이드해야 한다.

삼성 갤럭시를 예로 들어보겠다. 하드포크는 갤럭시S7과 갤럭시S8의 차이로 생각하면 쉽다. 두 모델 모두 운영 체제로 안드로이드를 쓰고 있다. 하지만 갤럭시S8은 기술과 디자인에서 갤럭시S7보다 더 업그레이드가 되어 있다. 결국 개발자와 이를 이용하는 소비자는 동시에 업그레이드 하는 것이 필요하다.

그러나 소프트포크는 안드로이드만 업데이트했다고 보면 될 것이다. 겉으로 봤을 때 소비자는 몇몇 보완점을 업데이트시켰으나 변화된 부분을 인식하긴 어렵다. 이를 소프트포크라고 생각하면 된다.

암호화폐 거래소는 어떤 게 있는가

업비트, 코인원, 빗썸, 코빗 등 국내 대표적인 거래소를 포함해 전 세계적으로 상당히 많은 암호화폐 거래소가 운영되고 있다. 이 책을 읽는 독자라면 당연히 한번쯤 암호화폐에 투자하려고 생각해본 적이 있을 텐데, 정확히 어떤 방식으로 어떻게 참여해야 할지 궁금할 것이다. 여기에서는 가장 대표적인 국내 암호화폐 거래소 몇 곳을 꼽아 기본적인 정보를 공유해보고자 한다.

업비트(Upbit)

2017년 10월 주식회사 '두나무'가 출시한 거래소로 한때 거래량 기준 전 세계 1위였던 국내 대표 암호화폐 거래소 중 하나다. 두나무는 카카오가 지분 약 8%를 가진 핀테크 기업이다. 2018년 감사 보고서에 따르면 국내 4대 거래소 중에 유일하게 1,400억 원이 넘는 당기순이익을 기록하였다. 두나무의 2018년 매출액은 4,707억 원, 영업이익은 2,875억 원으로 집계됐다. 북미 탑 거래소인 비트렉스(Bittrex)와 독점 제휴를 맺어 신규 코인들을 동시에 상장하고 있는데, 이를 통해 국내 타 거래소들보다 많은 알트코인 수를 보유하고 있다는 차별점을 가지고 있다. 2019년 하반기 기준 약 200개의 코인이 거래되고 있다. BTI(Blockchain Transparency Institute)가 2019년 9월에 발표한 리포트에서 가장 투명한 거래소 중 하나로 소개된 바 있다.

▲ 암호화폐 거래소 업비트 홈페이지 (출처: 업비트)

코인원(Coinone)

코인원은 포항공대 해킹 동아리 출신의 차명훈 대표가 2014년 설립한 암호화폐 거래소다. 높은 퀄리티의 UI와 플로차트를 제공하며 보안 신뢰도가 높은 편이다. 2018년 4월에는 '코인원 인도네시아'를 설립하며 해외 진출을 본격화했다. 코인 신규 상장 시 상장명세서를 발급하고 매주 주간 리포트를 발행하는 등 투명한 암호화폐 투자환경 조성에 기여하고 있다. 업비트보다는 암호화폐 종류와 거래량이 적지만, 높은 보안을 기반으로 빠르고 저렴하게 송금할 수 있는 '크로스(Cross) 해외송금서비스'를 제공한다. 2018년 하반기 기준 매출액과 영업손실은 각각 45억6,000만 원, 44억 8,000만 원을 기록했다. 코인원은 과거 마진 거래를 제공한 바 있으나 현재는 서비스가 종료되었다.

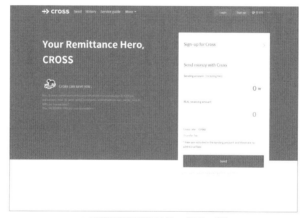

▲ 코인원의 해외송금서비스 'Cross'(출처: 코인원)

빗썸(Bithumb)

2014년 ㈜BTC 코리아에 의해 '엑스코인'이란 이름으로 처음 설립된 이래 2015년 현재의 이름인 '빗썸'으로 바뀌어 서비스를 제공 중이다. 2017년 7월엔 일일 거래 금액이 1조 원을 넘어서고 8월엔 2조 6,000억 원을 돌파하는 등 압도적인 거래량을 자랑했다. 회사 소개 자료에 따르면 빗썸은 국내 암호화폐 거래소 최초로 오프라인 고객센터를 운영하여 1 대1 맞춤 서비스를 제공하고 있다. 비트코인, 이더리움, 리플, 비트코인 캐시, 라이트코인, 이오스 등 약 100개의 암호화폐를 취급하고 있다. 2018 년 기준 매출액은 3,910억 원, 영업이익은 2,561억 원을 기록했다. 하지만 암호화폐 가치 하락 등 비경상 요인으로 당기 순손실이 약 2,000억 원으로 집계되었다.

코빗 (Korbit)

코빗은 2013년 한국비트코인거래소라는 이름으로 설립되었고 2017 년 9월에는 넥슨에 인수되었다. 한국 최초의 암호화폐 거래소이며, 업계 최초로 정보보호 ISMS 인증을 획득했다. 최근에는 세계 100대 암호화 폐 거래소 랭킹에서 찾아볼 수 없을 정도로 그 명성이 예전만은 못하다. 2018년 매출액 약 268억 원, 영업손실 약 75억 원을 기록했다. 하지만 기업 이미지(CI)를 새롭게 리뉴얼하고 웹페이지와 거래 시스템을 개선하 는 등 서비스 발전을 위한 지속적인 노력을 기울이고 있다. 2019년 9월 에는 암호화폐 상장·폐지 기준을 공개했다. 코빗은 투자자 보호를 위해 상장 심사 시 팀 구성·지속성·투명성·확장성·사용성 등 5가지 항목을 면밀히 검토할 것임을 밝혔다.

후오비 코리아 (Huboi Korea)

　이름에서 볼 수 있듯이 후오비 코리아는 국내 자체 설립 거래소가 아닌 중화권 최고 규모 거래소인 후오비가 2018년 한국에 설립한 거래소다. 본사는 싱가포르에 있으며 미국·일본·러시아 등 다수의 국가에 진출한 글로벌 회사다. 2019년 1월부터 원화(KRW)로 거래가 가능해졌으며, 2019년 10월에는 ISO27001 정보보호 인증을 취득하는 등 탄탄한 보안 체계를 구축하고 있는 것으로 알려졌다. 회사가 배포하는 마케팅 자료에는 '6년 보안 무사고'라는 슬로건이 반복적으로 강조될 만큼 보안성을 중요시하는 거래소인 것으로 파악된다.

왜 IPO(기업 공개) 대신
ICO(암호화폐 공개)를 하는가

암호화폐를 활용한 자금 조달 방식, 이른바 암호화폐 공개(ICO, Initial Coin Offering)가 시장에 새로운 패러다임을 제시했다.

2018년에는 글로벌 모바일 메신저 업체 텔레그램(Telegram)이 ICO를 통해 무려 9,000억 원에 이르는 자금을 확보했고, 블록체인 스타트업 테조스(Tezos)는 2017년 2,500억여 원을 조달했다. 참고로 텔레그램 ICO에 참여한 투자 기관 중에는 실리콘밸리의 대표적 벤처 캐피털인 '세 쿼이어 캐피털'도 포함된 것으로 밝혀졌다. 이 회사의 회장인 마이클 모리츠는 과거 구글, 유튜브 등에 초기 투자해 어마어마한 수익을 거둔 바 있다.

ICO는 주식을 공개함으로써 자금을 확보하는 기업 공개(IPO, Initial Public Offering)와 유사한 목적이 있지만 그 방식은 분명 다르다. 예컨대

ICO는 IPO와 달리 암호화폐를 발행하고 이를 투자자들에게 판매해 자금을 모은다. 또한 금융 당국의 철저한 관리와 감독을 받는 IPO에 비해 절차가 간단하다.

판매 방식도 증권회사(IB, Investment Banking)를 거치지 않고 인터넷을 통해 불특정 다수에게 바로 판매하는 방식이며, 투자금을 현금이 아닌 암호화폐로 받기 때문에 전 세계를 상대로 편리한 투자 유치가 가능하다. 우리가 잘 알고 있는 크라우드 펀딩과 그 방식이 유사한데, 기업 입장에서는 경영권에 영향을 미칠 수 있는 주식 대신 암호화폐를 판매하는 것이기에 상대적으로 부담이 적다.

단점도 있다. ICO의 경우 기업 입장에서는 매력적인 방법이지만, 투자자 입장에서는 자금 조달 당시 제시했던 계획이 이행되지 않아도 투자금을 회수할 수 있는 규정이 없어 위험성이 높다. 제공되는 정보 역시 IPO보다 훨씬 제한적이기에 프로젝트의 가치를 평가하기 어렵다는 단점도 있다. 이로 인해 수많은 ICO가 불법적으로 진행되고 있다. 각종 범죄와 사기가 끊이지 않지만 제도권 밖에 있는 시장이기 때문에 투자자들이 하소연할 곳도 마땅치 않다. 무엇보다 암호화폐 시장의 변동성이 너무 크다. ICO를 통해 확보한 자금의 가치가 하루가 다르게 오르락내리락한다면 자금 조달 수단으로 제대로 된 역할을 수행하기 어렵다. 이처럼 ICO를 어떻게 바라볼 것이냐의 문제는 블록체인&암호화폐 업계에서 여전히 진행 중인 논쟁거리다.

다수의 선진국은 ICO 양성화 추진에 속도를 내고 있다. 사업 역량과 아이디어는 가지고 있지만 투자처를 찾지 못해 어려움을 겪고 있는 스타트업들에게 ICO는 새로운 자금 조달 수단이 될 수 있기 때문이다. 대표적인 국가로는 스위스와 싱가포르가 있는데, 이 두 국가는 ICO 관련 가이드라인을 발표하며 해당 산업의 육성을 적극적으로 장려하고 있다. 특히 블록체인에 대해 매우 개방적인 태도를 취하고 있는 스위스는 입주 기업들에 각종 세제 혜택과 정부 차원의 행정 지원까지 제공하고 있다. 그 결과 ICO를 하려는 다수의 기업들이 취리히로 모여들고 있으며, 이더리움(Ethereum), 모네타스(Monetas), 자포(Xapo) 등 대표적인 블록체인 기업들이 스위스에 기반을 두고 있다. 미국과 일본의 경우 여전히 조심스러운 입장이지만, 이미 제도권 내에서 ICO를 허용하고 있다.

한국의 경우 2017년 9월 ICO 전면 금지 조치가 내려졌다. 관련 법 개정이 이루어지지 않아 ICO를 제재할 근거는 명확하지 않지만, 정부의 눈치를 봐야 하는 분위기상 국내에서 ICO를 진행하기는 힘든 상황이다. 결국 다수의 한국 기업들은 해외를 선택했다. 국내 스타트업 중에는 의료 기록을 관리하는 메디블록이 영국 자치령 지브롤터에 법인을 세우고 ICO를 진행했으며, 블록체인 전문 기업 더루프는 스위스에서 ICO를 진행해 약 520억 원의 자금을 조달했다.

전 세계적으로 ICO를 전면 금지한 국가는 한국과 중국 정도밖에 없다. 다수의 전문가는 ICO에 대한 좀 더 현실적이고 유연한 접근이 필요하다고 주장한다. 필자 역시 이들의 의견에 동의한다. ICO를 무조건 막을 것이 아니라 제도적으로 정착할 수 있는 방법을 연구하고 투자자를 보호하는 법적 요건을 만들어주어야 한다. 전면 규제가 지속될 경우 자본과 지적 자산이 해외로 빠져나가는 엑소더스(exodus) 현상이 나타날 수밖에 없다.

세계적인 미래학자 돈 탭스콧도 "한국 정부의 ICO 금지는 실수"라고 충고한 바 있다. 그는 "블록체인을 기반으로 하는 ICO를 통해 스타트업들이 자금 조달을 효율적으로 할 수 있다면 한국에게 역사적인 기회가 될 것"이라고 말했다. 이러한 태도는 한국 정부도 참고할 만하다.

우리나라는 변화를 받아들여야 한다. 처음 주식이 거래되었을 때도 모든 것이 불확실한 상황이었다. 태어난 지 얼마 되지 않은 암호화폐에 너무 높은 잣대를 들이대서는 안 된다. 정부 당국도 결국은 주식처럼 받아들이고 이를 제도권 안에서 관리해야 할 것이다.

필자 역시 ICO에 위험 요소가 많다는 의견에 대해서는 깊이 공감한다. 그렇다고 시작부터 'No'라는 입장을 고수해서는 안 된다. 긍정적인 활용법에 대한 충분한 검토가 필요하다. 진정으로 악의 씨앗이라는 판단이 들면 과감하게 뽑아버려야 하겠지만, 적어도 ICO의 가능성에 대해 치열하게 고민하는 노력이 필요하겠다.

백서(White paper)란 무엇인가

이전 장에서는 간단하게 ICO를 진행하는 절차에 대해 알아봤다. ICO의 핵심적인 개념 및 '일반적인' 절차를 정리하면 다음과 같다.

ICO를 진행하는 주체들(예를 들어 회사, 프로젝트 등)은 아이디어를 백서(White paper)에 정리해 잠재적 투자자들에게 공유한다.

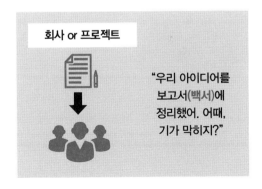

투자자들은 백서에 있는 아이디어와 이와 관련한 인력들의 프로필 등을 검토한 후 투자 여부를 결정한다. 투자의 대가로 이들은 회사로부터 토큰(코인)을 받게 된다.

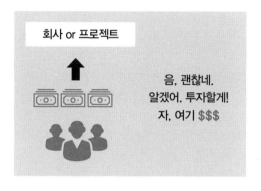

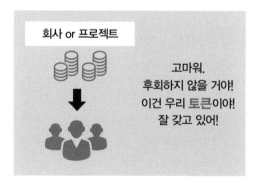

회사(Company)와 프로젝트 오너(Project Owner)는 확보한 투자금을 사업 확장과 개발을 위해 사용한다. 자본을 제공한 투자자들은 토큰(코인)이 거래소에 상장되면 이를 사고팔아 수익을 낼 수 있다. 또는 배당

받은 암호화폐만큼 프로젝트의 지분을 갖는 형식의 보상도 있으니 참고하길 바란다.

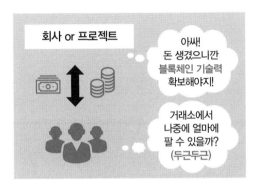

이처럼 ICO의 투자 절차는 기존 방식에 비해 단순한 편이다. 특히 해당 프로젝트의 아이디어와 핵심 정보를 정리한 백서에 대한 의존도가 매우 높다. 이 '백서'라는 문서에는 구체적으로 어떤 내용이 어떤 방식으로 들어가 있을까?

세계에서 가장 성공적인 ICO 사례로 꼽히는 이더리움을 살펴보자. 이들은 ICO를 통해 확보한 자금으로 혁신적인 플랫폼을 개발할 수 있었다. 이더리움 백서의 초록(abstract)은 다음과 같다.

"사토시 나카모토에 의해 2009년 개발된 비트코인은 종종 화폐와 통화 분야에서 매우 근본적인 혁신으로 묘사되어 왔는데, 이것은 비트코인이 어떤 담보나 내재적인 가치를 갖지 않으며, 중앙화된 발행 기관이나 통제 기관도 없는 디지털 자산의 첫 번째 사례였기 때문이다. 하지만 비트코인 실험의 더욱 중요한 측면은 비트코인을 떠받치고 있는 분산 합의 수단으로서의 블록체인 기술이며, 이에 대한 관심이 급격하게 늘어나고 있다.

블록체인 기술을 이용한 대안적 애플리케이션들에는 다음과 같은 것들이 자주 거론되고 있다. 사용자 정의 화폐와 금융 상품을 블록체인 위에 표현하는 컬러드 코인(colored coins), 물리적 대상의 소유권을 표현하는 스마트 자산(smart property), 도메인 이름과 같은 비동질적 자산을 기록하는 네임코인(Namecoin), 임의적인 계약 규칙을 구현한 코드에 의해 디지털 자산을 관리하는 좀 더 복잡한 형태의 스마트 계약, 더 나아가 블록체인을 기반으로 한 탈중앙화된 자율 조직(decentralized autonomous organizations, DAOs) 등이다.

이더리움이 제공하려는 것은 튜링 완전성(turing-complete) 프로그래밍 언어가 심어진 블록체인이다. 이 프로그래밍 언어는, 코딩된 규칙에 따라 '어떤 상태'를 다르게 변환시키는 기능(arbitrary state transition functions)이 포함된 '계약(contract)'을 유저들이 작성할 수 있게 함으로써 앞서 설명한 시스템들을 구현할 수 있게 할 뿐 아니라 우리가 아직 상상하지 못한 다른 많은 애플리케이션들도 매우 쉽게 만들 수 있도록 도와줄 것이다.[4]

또 다른 예로 앞에서 잠시 언급한 메디블록이라는 회사의 백서를 보

---

4 이더리움 백서: 차세대 스마트 계약과 탈중앙화된 애플리케이션 플랫폼. https://drive.
   google.com/file/d/0BwBkN9fNGDPeUkZpMzZzMUJZaXM/view

자. 메디블록은 블록체인 기반의 헬스케어 플랫폼을 제공하는데, 이 회사는 2017년 ICO를 진행해 100억 원 이상의 투자금을 확보했다. 총 70개 국가에서 6,500명이 메디블록의 가능성에 투자했고, 시가총액도 1,200억 원을 돌파했다.

메디블록의 백서는 다음과 같이 구성되어 있다.

1. 서론(Introduction)	1.1 현재의 의료정보시스템의 문제점(Problem Overview) 1.2 메디블록 팀의 미션(Mission statement of MediBloc Team)
2. 메디블록, 새로운 의료 정보 생태계(New Medical Information System)	2.1 최고 수준의 보안성(Maximum Security) 2.2 높은 신뢰성(High Reliability) 2.3 높은 투명성(High level of Transparency) 2.4 높은 상호운용성(High Interoperability) 2.5 높은 접근성(High Accessibility) 2.6 환자 중심의 이상적인 통합 의료정보 시스템: 개인건강관리기록(PHR)
3. 메디블록 기술적 세부사항(Technical Detail)	3.1 메디블록 플랫폼 구조(Platform Structure) 3.2 메디블록 플랫폼 구성요소(Platform Components)
4. 토큰 모델(Token Model)	4.1 메디포인트(Medi Point, MP) 4.2 토큰(Medi Token, MED) 4.3 토큰 생성 이벤트(Token Generation Event)
5. 메디블록 서비스 예시(Use cases)	5.1 개인건강보고서(Personal Health Report) 5.2 자동 보험 청구(Automated Insurance Claims) 5.3 P2P 의료데이터 시장(P2P Healthcare Data Market) 5.4 인공지능과 의료용 챗봇(Artificial Intelligence&Medical Chatbot) 5.5 임상 연구(Clinical Trial) 5.6 원격 의료(Telemedicine) 5.7 소셜 네트워킹 서비스(Social Networking Service, SNS)
6. 향후 계획 (Roadmap)	6.1 플랫폼 향후 계획(Platform Roadmap) 6.2 기본 앱 향후 계획(Basic App Roadmap)
7. 기타(법적 고려사항 등)	–
참고문헌(Reference)	–

▲ 메디블록 백서 중 Table of Contents (출처: 메디블록 백서)

내용을 읽어보면 크게 시장 분석, 메디블록의 기술력 및 경쟁력, 토큰 모델 및 향후 활용 계획으로 구성되어 있다. 결국 쉽게 말해 지금 시장이 블록체인을 기반으로 하는 메디블록의 기술력이 필요하고, 이를 위해 메디블록은 토큰(코인)이라는 도구를 활용해 자본을 모으고 싶다는 것이 요지다.

조금 더 구체적으로 살펴보자. 메디블록의 초록은 다음과 같이 정리되어 있다.

"현재 의료정보시스템은 의료기관 중심으로 운영되고 있다. 그리고 의료기관 밖으로 의료정보를 공유하는 일은 개인 정보 보호를 위해 환자 본인이 자신의 의료기록을 요청하는 경우를 제외하고 허용되지 않는다. 이러한 의료기관 중심의 의료정보 관리 체계는 개인의 의료 데이터를 여러 병원에 분산시켰고, 파편화된 의료 데이터로 의료 서비스의 질을 저하시켰다. 의료 연구나 AI를 위한 의료 정보에 대한 요구 역시 날로 증가하고 있으나 데이터의 공급은 턱없이 부족한 상황이며, 현재 시스템에서는 데이터의 신뢰성도 충분히 담보하기 힘들다.

메디블록(MediBloc)은 여러 기관에 흩어져 있는 의료정보뿐만 아니라 스마트폰을 포함한 여러 기기를 통해 생산되는 모든 의료정보를 안전하게 통합하여 관리할 수 있게 하는 블록체인 기반의 의료정보 오픈 플랫폼이다. 의료 소비자는 자신의 의료정보에 대한 접근 권한을 대상에 따라 다르게 설정할 수 있고, 이를 통해 본인의 의료정보에 대한 완전한 소유권과 관리 권한을 행사할 수 있게 된다.

메디블록은 플랫폼에서 사용될 암호화폐인 MED(Medi token)를 발행해 이를 중심으로 플랫폼 내 경제 생태계를 구축한다. 메디블록 플랫폼 생태계에 기여하는 참여자는 그 기여도에 따라 MED를 활용해 보상을 받게 되는데, 의료 소비자뿐만 아니라 의료정보의 생산에 기여한 의료 공급자도 기여 정도에 따라 정당한 보상을 받을 수 있다. MED는 또한 메디블록과 연계된 여러 기관에서 의료비, 약제비, 보험료 등 여러 가지 비용을 지불하기 위한 수단으로 사용될 수 있다."

이처럼 회사들은 본인들의 플랫폼, 인력, 계획 등에 대한 구체적인 정보를 제공하는 목적으로 백서를 제작하여 제공하고 있다. 하지만 결국 판단은 우리의 몫이다. 이들은 백서를 이용함으로써 재무적 손실이나 손해가 발생하더라도 그에 대한 법적인 책임을 지지 않는다. 실제 ICO를 통해 진행된 프로젝트의 성공률은 35% 정도밖에 안 된다.[5] ICO에 관심 있는 독자들은 꼭 참고하길 바란다.

---

5 출처: CB Insights

암호화폐의 가치는
어떻게 평가하는가

암호화폐의 가치를 평가하는 것은 매우 어렵다. 하지만 방법이 아예 없는 건 아니다. 이번 장에서는 코인의 가치를 평가할 때 사용되는 몇 가지 방법론을 소개해보고자 한다. 금융에 대한 사전 지식이 없는 독자들은 '이런 개념이 있구나' 정도로만 이해하고 넘어가도 괜찮다.

1. 암호화폐를 디지털 금(digital gold)으로 바라보는 관점

비트코인을 예로 들어보자. 전 세계 금의 총량은 약 8,000조 원이다. 비트코인이 금의 10% 정도를 대체한다고 가정한다면, 비트코인의 시가총액(Market Cap)은 약 800조 원(=8,000조 원 ×10%)으로 측정된다. 이 숫자를 비트코인의 총 수량인 2,100만 개로 나누면 비트코인의 개당 가격은 약 3,800만 원 정도가 된다. 실제 일부 암호화폐 투자가들은 이 같은 논리를 근거로 비트코인의 가격이 여전히 상승할 여지가 남아 있다고 주장한다. 이 같은 전망은 예시일 뿐 필자의 의견이 아님을 밝힌다.

2. 관련 시장(relevant market)을 기준으로 바라보는 관점

기본적인 개념은 1번 방법과 비슷하다. 먼저 암호화폐가 사용되는 시장을 찾는다. 그 후 해당 시장의 전체 규모를 측정하고, 암호화폐가 그 시장에서 차지하는 점유율을 계산한다. 그러면 자연스럽게 암호화폐의 총액이 나오는데 이를 코인의 개수로 나누면 암호화폐 1개의 가치를 구할 수 있다.

예를 들어보자. 암호화폐 가치 평가 전문가인 크리스 버니스케(Chris Burniske)는 앞의 방법을 송금 시장에 적용하여 2014년도 비트코인의 가치를 측정한 바 있다. 그 당시 개발도상국 송금 시장의 규모는 약 4,440억 달러였는데, 버니스케는 비트코인이 해당 송금 수요의 10%를 차지할 것이라 가정했다. 같은 비트코인이 사용되는 횟수(회전율)를 1.5라고 가정했고, 따라서 비트코인의 총액은 약 293억 달러(4,400억 달러 ×10% ÷1.5)일 것이라 추정했다. 이 값을 1,500만 개(2014년 기준 시중에 유통된 비트코인 총량)로 나누면 비트코인 1개의 가치가 산출되는데, 이를 계산하면 약 1,995달러가 되고, 한화로는 약 200만 원 정도다. 흥미롭게도 2번 방법을 사용하면 1번 방법을 사용할 때보다 비트코인의 가치가 현저히 낮아짐을 알 수 있다.

3. 피셔의 교환방정식(MV=PQ)에서 바라보는 관점

거시 경제에서 자주 사용되는 공식이다. M은 화폐의 공급량, V는 화폐의 속도, P는 가격, Q는 실질 거래량이다. 공식의 이해를 돕기 위해 간단한 예를 들어보겠다.

① 기영이가 준성이네 집에서 1,000원을 주고 커피를 마셨다.
② 준성이는 그 돈으로 유진이네 집에 가서 1,000원짜리 커피를 시켜 마셨다.
③ 유진이는 다시 기영이네 집에서 1,000원을 주고 커피를 사 마셨다.

여기서 공급된 화폐(M)는 1,000원밖에 없다. 그리고 이 돈은 시장에서 3번 이동(V)했다. 따라서 MV는 3,000원(1,000원 ×3번)이다. 마찬가지로 P는 커피 한 잔의 값인 1,000원이고 총 거래된 커피는 3잔이다. 따라서 PQ는 3,000원이 된다. 투박한 예시이긴 하지만 'MV = PQ'의 공식이 성립하는 것이다.

이를 암호화폐에 적용해보자. 1, 2 방법과 마찬가지로 비트코인을 기준으로 생각해보겠다. 정리하면 아래와 같다.

M = 비트코인의 공급량

V = 비트코인의 화폐 속도

P = 비트코인 가격

Q = 비트코인의 달러 규모

2025년도 비트코인의 가치를 예상해보자. 일단 'MV = PQ'의 공식으로 다시 정리하면 'P(비트코인 가격) = MV/Q'가 된다. 비트코인의 경우 공급량(M)이 정해져 있고, 향후 공급되는 양의 예상 일정도 알 수 있다. 2025년에는 약 2,000만 비트코인이 시중에 유통된다고 가정하겠다. V는 위에서 설명했듯 동일한 비트코인이 1년 동안 사용된 횟수를 의미한다. 2017년 비트코인의 총거래량은 970억 달러였고, 이를 2018년 초 기준 비트코인의 가치인 141억 달러로 나누면 V는 6.9(970억 달러/141억 달러)가 된다. 2025년에도 V의 값은 동일하다고 가정하고, 미국 달러 경제 규모 등을 기준으로 Q 값을 예측해 공식에 대입하면 비트코인의 2025년 가치를 대략 예상할 수 있다.

이외에도 일정한 시점에서 암호화폐가 가진 가치를 할인(Discount)하는 기법 등이 있지만 기술적인 요소가 지나치게 많아 이 책에서는 다루지 않겠다. 이에 대한 좀 더 깊은 이해를 얻고 싶은 독자들은 앞서 언급한 크리스 버니스케의 《크립토에셋(Cryptoassets: The Innovative Investor's Guide to Bitcoin and Beyond)》이라는 책을 읽어볼 것을 권한다.

전문가 인터뷰 ———————————————— INTERVIEW

전 미국 퀄컴 선임 엔지니어
컴퓨터공학 전문가 **김한승**

전 미국 퀄컴(Qualcomm) 선임 엔지니어
카네기멜론대학교 컴퓨터공학 학·석사 통합 과정
예일대학교 MBA

컴퓨터공학적 관점에서 바라본
블록체인의 장점 및 가능성은 무엇인가요?

블록체인의 장점은 중개자(middleman)나 집중된 관리 주체(central authority) 없이 임의의 자료를 모아놓은 자료집(database) 관리를 분산된(distributed) 형태로 실행할 수 있다는 것입니다. 블록체인에 대해 설명할 때 자주 쓰이는 단어가 분산 장부(distributed ledger)입니다. 이 점이 어떻게 장점이 되는지 이해하려면 기존의 자료집 관리(database management)에 대해 알 필요가 있습니다.

금융기관의 예를 들어보겠습니다. 금융기관에 '홍길동'이라는 사람이 자산을 예치할 때 홍길동의 개인 정보, 자산 종류, 자산 규모를 전자화된 정보로 기록합니다. 홍길동 이외 다른 고객

072

들의 정보도 다 같이 저장하여 자료집, 즉 데이터베이스에 보관합니다.

이 경우 금융기관은 세 가지 문제를 해결해야 합니다. 첫째, 인가받지 못한 자가 데이터베이스에 접근하지 못하게 해야 합니다. 둘째, 거래의 유효 여부를 판독할 수 있는 능력과 접근 권한을 동시에 가진 자만이 자료를 바꿀 수 있어야 합니다. 셋째, 인가받지 못한 자의 손에 데이터베이스나 자료가 들어가더라도 자료의 내용을 파악할 수 없거나 매우 어렵게 만들어야 합니다.

금융기관은 이 세 가지 문제를 해결하기 위해 방화벽과 실시간 감시 체제를 만들고, 계정 관리와 제3의 기관을 통한 인증 절차를 구현하며, 자료의 암호화를 실시하게 됩니다. 이것들은 모두 돈이 들고 사람의 손이 필요하며 자료의 양과 집중의 정도가 커질수록 투입되는 비용은 빠르게 증가합니다. 현재 정보산업계는 무어의 법칙(Moore's Law), 크라이더의 법칙(Kryder's Law), 그리고 인수 합병을 통한 업계 재편으로 비용을 성공적으로 통제하고 있습니다. 그럼에도 불구하고 보안 사고는 계속 발생 중이며 새로운 모형의 필요성은 오래전부터 꾸준히 제기되고 있었습니다.

컴퓨터공학으로 본 블록체인은 앞의 세 가지 문제를 좀 더 효과적으로 해결할 수 있는 차세대 자료집 관리의 모형입니다. 분산 장부를 구성하는 각 블록은 암호화된 자료를 담고 있고, 블록을 처리하는 기본 방식에 암호화가 내장되어 있습니다. 이는 블록 안에 존재하는 자료의 무단 접근을 매우 어렵게 만들고, 블록 생성 이후 부가적인 암호화 단계를 만들 필요를 없앱니다. 블록 자체의 높은 보호성과 함께 분산 장부는 거래의 유효 여부 판독을 제3의 기관이나 자사의 위험 관리 조직에 맡기지 않고 비잔티움 장애 허용(Byzantine Fault Tolerant)이라는 수리적 원리를 적용한 블록체인 구성원의 합의 장치(Consensus Mechanism)를 통해 실행합니다. 이는 기존의 모형과 달리 제3의 기관의 역할이 크게 줄어드는 것을 말하며, 비용과 보안 사고의 발생을 줄일 수 있다는 의미이기도 합니다. 블록의 암호화와 합의 장치는 분산 장부에 접근할 필요성을 제거하기 때문에 투명성을 높이고 계정 관리의 필요성을 없앱니다.

이러한 블록체인의 장점을 통해 두 가지 가능성을 유추해볼 수 있습니다. 첫째는 개인, 단체 또는 국가 간 중요하다고 인정되는 기록이나 가치가 있다고 인정되는 증서 및 보증을 저장하고 교환하는 사례를 생각해볼 수 있습니다. 예를 들어 계약서, 투표 용지, 양도증서, 어음 등 다양한 문서를 저장할 때 접근성과 보안을 이분법적으로 선택하지 않아도 될 가능성이 높아집니다. 이미 스마트 계약이라는 블록체인 응용 규약이 나와 이에 대한 다양한 실험이 실시 중에 있습니다. 다른 하나는 사물인터넷같이 수량이 매우 많고 추적이 어려운 물체들을 대상으로 각각의 고유한 정보를 저장하고 분배할 때 안전하고 쉽게 실행할 수 있는 기반이 될 가능성도 있습니다.

컴퓨터공학적 관점에서 바라본
블록체인의 단점은 무엇인가요?

블록체인의 단점은 에너지 소모량과 처리 용량 증가(scaling)
입니다. 블록체인의 합의 장치의 핵심은 블록과 블록을 서로 연
결하는 데 쓰이는 해시값의 계산입니다. 이 해시값은 SHA-256
이라는 규격을 이용한 32개의 영문과 숫자 조합을 말하는데, 이
값은 연결된 블록 주소와 검산에 필요한 자료 값을 포함하고 있
습니다. 블록이 많아질수록 계산이 필요한 해시값의 개수가 증
가하고, 해시값의 복잡도도 올라갑니다.

이는 에너지 소모량 증가로 연결됩니다. 예를 들어, 현재 추
산되는 이더리움(Ethereum)의 거래당 소비 전력은 78KWh인
데, 이는 가정용 에어컨 31개를 한 시간 동안 쓰는 양에 맞먹습
니다. 이를 기반으로 일 년간 소비 전력을 추산하면 약 17TWh
인데, 이는 미국의 전체 데이터 센터의 예상 소비 전력 중 24%
정도를 차지합니다. 블록체인의 개발이 초창기인 것을 고려하면
이런 에너지 소모는 적다고 볼 수 없습니다. 컴퓨터공학적 관점
에서 높은 에너지 소모량은 서버의 전력 공급과 냉각 시스템에
더 세심한 설계가 필요하다는 것을 의미하므로 에너지 비용뿐
아니라 추가 비용이 상승하게 됩니다.

블록체인의 처리 용량 증가(scaling)도 넘어야 할 산입니
다. 이 모형을 더 많은 사람이 쓸수록 거래량(Transaction)이 증

가하고 블록 수도 증가하게 됩니다. 많은 블록 수는 많은 저장 매체(하드디스크 등)를 의미합니다. 비트코인 창시자로 알려져 있는 사토시 나카모토의 백서와 코넬대학교 카일 크로만(Kyle Croman)의 연구 자료를 기반으로 계산하면, 현재 비트코인의 일평균 예상 데이터 증가량은 약 325GB입니다.

현재 증가량은 타 분야에 비해 적은 편이지만 블록체인이 가파르게 성장한다면 자료의 증가량도 어마어마하게 커질 것입니다. 그렇게 될 경우, 그 증가량에 맞추어 물리적으로 다양한 곳에 데이터를 분산시키지 않는다면 분산 장부의 장점이 유지되기 어렵습니다. 따라서 이에 대해 다양한 논의가 필요할 것으로 예상합니다.

블록체인의 미래에 대해서
어떻게 생각하나요?

블록체인이 제시하는 새로운 패러다임은 현재 중앙 통제를 의미하는 데이터베이스 관리가 할 수 없는 일들을 해줄 수 있을 거라 생각합니다. 비록 에너지 소모와 처리 용량 증가를 해결할 수 있는 지혜를 계속 찾아야 하는 것에는 의심의 여지가 없으나, 블록체인에 대해 계속 탐구하고 응용하여 가치 있는 용례(Use Case)를 발견하는 것 또한 중요합니다.

이더리움 같은 플랫폼에서는 인텔, JP모건, 마스터카드 등이 참여하는 'Enterprise Ethereum Alliance'를 통해 적극적인 실험이 시행되고 있습니다. 자본이 풍부하고 각자 영역에서 선도하는 회사들이 블록체인 시험에 참여하고 있다는 점은 그것의 미래가 긍정적임을 나타내는 신호라고 생각합니다.

PART

2

블록체인&암호화폐 핵심 트렌드

실전편

블록체인은 혁명이다

역사는 반복된다. 지식의 총량이 늘어날 뿐 인간의 본질은 달라지지 않기 때문이다. '중앙화 → 탈중앙화'의 반복이 그 대표적인 예다.

인류의 시작은 '개인(individual)'이다. 최초의 문명은 흩어져 있던 개인들이 모여 부족을 이루면서 시작되었다. 인간은 다른 야생 동물들에 비해 상대적으로 약한 신체적 조건을 가졌음에도 불구하고, 집단행동을 통해 지구를 점령해나갔다. 우리의 선조들은 농업혁명을 통해 떠돌이 생활을 청산하고 정착 생활을 하기 시작했다. 급격히 증가한 생산량을 감당하기 위해서는 더 많은 노동력이 필요했는데, 이러한 과정에서 소규모 집단이 씨족의 형태로 진화했다.

이런 조직을 효율적으로 운영하기 위해서는 의사 결정권자가 필요했다. 특정인에게 힘을 몰아주고 조직을 대표할 수 있는 권한을 주었다. '리

▲ 프랑스혁명 – 시민들에게 공격받는 바스티유 감옥 (출처: Wikipedia)

더(Leader)'의 개념이 탄생한 것이다. 부족국가는 왕정국가로 발전했고, 중앙 권력의 정점에 있었던 왕(King)은 막대한 부와 권력을 얻을 수 있었다. 하지만 절대 권력은 절대적으로 부패할 수밖에 없는 법. 대중의 필요로 만들어진 중앙 권력이지만, 왕과 귀족들은 본인들의 기득권을 유지하기 위해 대중들을 착취했다.

　이는 결국 탈중앙화 움직임으로 이어졌다. 대표적인 사례는 1789년 프랑스혁명이다. 프랑스 인구의 약 98%를 차지했던 제3신분(평민)들을 중심으로 민중들은 수백 년 동안 유럽을 지배한 절대 왕정을 무너트렸다. 이들이 주장한 자유와 평등의 가치는 근대 민주주의 기반을 제공했다. 혁명군 장군인 나폴레옹 보나파르트가 쿠데타를 일으키며 다시금 중앙 집권 체제로 회귀했으나, 결국 현대의 대다수 국가는 민주주의라는 '권력 분산형' 정치 시스템을 채택하고 있다.

　이처럼 인류의 역사에는 '중앙 → 탈중앙'의 반복이라는 흥미로운 패턴이 있음을 알 수 있다. 우리의 선조들은 '개인'이라는 단위에서 시작되었지만, 개인들이 모여 집단이 되었고, 집단 속에서의 권력은 '중앙 집권화'와 '탈중앙'을 되풀이했다. 그렇다면 현재 우리 사회는 이 두 개의 극단적인 스펙트럼 중에 어느 쪽에 더 가까워지고 있을까?

필자가 내린 답은 명확하다. 우리는 그 어느 때보다도 중앙 집권화된 시대에 살고 있다. 앞서 언급했듯 인류는 여러 번의 시행착오를 겪으면서 민주주의라는 시스템까지 도달할 수 있었고, 정치적인 관점에서는 대중에게 권력의 일부를 분산화하는 데 성공했다. 하지만 새롭게 구성된 지배층, 즉 자본주의 세력이 사회적·경제적 불평등을 야기했다. 이 같은 현상은 인터넷을 통해 더욱더 가속화되고 있다. 인터넷은 지나칠 정도로 '중앙 집중적'이다. 페이스북, 아마존, 네이버, 카카오 등 수많은 중앙 집중형 플랫폼은 수익과 권력을 독식하고 있다.

▲ 인터넷 시대&중앙 집중형 플랫폼

구글은 글로벌 검색 시장의 90% 이상을 점유하고 있으며, 페이스북은 전체 소셜 미디어 트래픽의 70% 이상을 차지고 있다. 방대한 양의 데이터가 쌓이면서 이들은 과거 존재한 그 어떤 기업들보다 더 '똑똑'해지고 있다. 여기에 압도적인 자금력과 기술력까지 더해지면서 작은 기업들이 설 자리는 점점 줄어들고 있다. 월드와이드웹(www)의 창시자인 팀 버너스리(Tim Berners-Lee)도 인터넷이 본인의 의도와는 달리 거대 IT 기업의 독점 도구가 되었다고 주장하며 현재의 인터넷을 강하게 비판했다. 인터넷을 기반으로 전 세계 부의 '중앙 집중화'가 진행되고 있는 것이다.

하지만 우리는 수천 년의 역사를 통해 '중앙 집권화(centralization)'는 결국 '탈중앙화(decentralization)'로 이어짐을 알 수 있었다. 뉴턴의 제3법칙은 "모든 작용에 대해 크기는 같고 방향은 반대인 반작용이 존재한다"고 말한다. FAANG(Facebook, Amazon, Apple, Netflix, Google) 혹은 MAGA(Microsoft, Amazon, Google, Apple)로 대변되는 중앙 집권적 경제 구조(작용)는 결국 '탈중앙화'라는 반작용에 의해 분산될 것이다.

블록체인은 이런 거대한 시대적인 흐름을 너무나도 정확히 반영한다. 그래서 우리는 블록체인을 단순 기술이 아닌 '혁명'이라고 부른다.

인터넷망에서는 필연적으로 거대한 플랫폼 사업자가 탄생할 수밖에 없었고, 기업들은 플랫폼에 접속한 개인들의 정보를 활용해 막대한 부를 창출했지만, 블록체인에서는 플랫폼 사업자와 같은 미들맨이 필요하지 않다. 우버는 중개 수수료로 수익금을 창출하지만, 블록체인 기반의 승차 공유 서비스에서는 개인과 개인이 일대일로 연결되어 중개 수수료라는 불필요한 비용을 제거한다. 중앙에서 모든 데이터와 정보를 관리하는 현재의 인터넷 구조는 '비효율성'과 '리스크'를 수반한다. 그런 의미에서 분산을 통한 탈중앙을 지향하는 블록체인이 인터넷의 미래가 될 것이라는 주장은 그리 허황되게 들리지 않는다.

영국의 역사학자 에드워드 카는 역사는 "과거와 현재의 끊임없는 대화"라고 말했다. 현재의 관점으로 과거를 이해하고, 그 이해를 바탕으로 현재를 더 깊이 이해하는 것이 역사의 기능임을 강조했다.

인류의 과거는 디지털 시대를 맞이한 우리에게 어떤 메시지를 던지고 있는가? 블록체인은 그 답을 알고 있다.

혁명의 승자는 누가 될 것인가

혁명의 사전적 정의는 "과거의 방식을 단번에 깨뜨리고 질적으로 새로운 것을 세우는 일"이다. 이런 급격한 변화 속에서는 늘 명확한 승자와 패자가 존재한다.

먼저 과거를 복습해보자.

산업적 관점에서 봤을 때 인류는 근·현대사를 거치며 세 번의 중요한 혁명을 경험했다. 첫 번째 산업혁명은 18세기 영국을 중심으로 시작된 기계화 혁명이다. 증기 기관에서 나온 동력을 활용한 기계가 인간 노동자를 대체했다. 1차 산업혁명의 최대 수혜자는 증기 기관 기반의 방적기를 도입한 섬유 산업이었다. 두 번째 산업혁명은 대량생산 혁명이다. 대량생산 혁명의 승자는 자동차 업체였다.

1914년 헨리 포드라는 미국의 사업가는 본인의 자동차 공장에 컨베이

기계화 혁명	대량생산 혁명	인터넷 혁명	블록체인
섬유	자동차	이메일(커뮤니케이션)	?

▲ 산업혁명별 대표 산업 및 킬러앱

어 시스템을 도입했다. 노동자들이 '부품을 들고 이동하는 기존의 방식'을 '컨베이어를 통해 부품을 사람에게 보내는 방식'으로 바꿨고, 이를 통해 단순 작업의 반복만으로도 대량생산이 가능해졌다. 세 번째는 인터넷 기반의 지식정보 혁명이다. 1992년 월드와이드웹(www)을 시작으로 인터넷은 전 세계 인류를 연결했다. 과거에는 전화가 주요 통신 수단이었으나, 인터넷을 통해 편지나 자료를 실시간으로 보낼 수 있게 되었다. 언제 어디서든 전 세계에서 일어나는 새로운 소식을 접하고 서로의 생각을 자유롭게 주고받을 수 있다. 이를 가능케 한 시발점은 이메일이라는 킬러앱(Killer App)이었다.

그렇다면 블록체인 혁명을 대표하는 산업 혹은 킬러앱은 과연 어떤 것일까?

필자와 다수 전문가들의 선택은 바로 '금융업'이다.

암호화폐의 아버지로 불리는 데이비드 차움[6]은 "블록체인의 킬러앱은

<hr />

6   미국의 컴퓨터 과학자이자 암호학자. 1994년 최초의 전자화폐인 'e캐시' 개발

금융 결제와 통합된 메신저가 될 것"이라고 주장했다. 비탈릭 부테린과 함께 이더리움을 설립한 조지프 루빈(Joseph Lubin)[7]도 "전 세계는 이미 디지털 경제로 가고 있고, 블록체인은 디지털 자산을 만들어내는 중요한 수단"이라고 얘기한 바 있다. MIT 미디어 랩[8]의 이토 조이치 소장은 "인터넷은 미디어를 바꿨고 블록체인은 금융 시스템을 바꾼다"고 말했다.

블록체인의 탄생 배경과 진화 과정을 보면 그 이유가 더 명확해진다.

블록체인은 새로운 기술이 아니다. 학계에서는 이미 1990년대부터 해당 기술에 대한 논의가 진행되었다. 하지만 블록체인을 수면 위로 올려 대중의 이목을 집중시킨 것은 바로 비트코인이다. 비트코인은 2008년 미국발 금융 위기를 배경으로 등장했다. 탐욕스러운 월가의 자본가들은 주택 담보 대출인 서브프라임모기지를 기형적인 형태로 증권화했다. 경기 부양책으로 표면적인 지표는 좋았지만 리스크는 지속해서 축적되었고, 결국 부동산 버블이 꺼지면서 미국 대형 금융사들의 파산으로 이어졌다.

미국 경제는 몰락했다. 사람들은 집을 잃었고, 직업을 잃었고, 심지어 목숨까지 잃었다. 1929년 경제 대공황과 맞먹는 수준의 타격을 입었고 이로 인해 세계 경제마저 휘청거렸다. 그럼에도 불구하고 중앙 정부 기관은 문제에 대한 본질적인 해결책을 제시하지 않았다. 미국 정부는 눈앞

---

7 글로벌 금융 회사인 골드만삭스의 테크놀로지 부문 부사장 역임. 이더리움 기반 인프라 개발 업체 콘센시스의 CEO

8 디지털 화폐를 포함한 다양한 미래 기술을 연구하는 메사추세츠 공과대학교의 연구소

에 닥친 위기를 해결하기 위해 막대한 양의 달러를 찍어낼 뿐이었다. 위기의 원인이었던 대형 금융 기관들은 솜방망이 처벌을 받았고, 월가의 미들맨(middleman, 중앙 관리자)들은 이때를 기회 삼아 막대한 부를 챙겼다. 화폐의 과잉 공급으로 인해 달러의 가치는 추락하고 물가는 폭등했고 금리는 바닥을 쳤다. 영원할 것이라 믿었던 세계 기축통화, 달러가 무너진 것이다. 막대한 데미지는 온전히 일반 대중들이 떠안아야 했다. 그렇게 대다수의 경제 구성원은 엄청난 손실을 보았다.

이는 결국 막대한 영향력을 가진 '중앙 집중적' 금융 기관과 달러 중심의 화폐 시스템에 대한 불신으로 이어졌다. 배신감을 느낀 지식인들은 새로운 금융 시스템과 화폐를 찾아 나서기 시작했다. 이런 사회적 흐름 속에서 사토시 나카모토(Satoshi Nakamoto)라는 가명을 쓰는 가상의 인물이 비트코인이라는 암호화폐를 〈Bitcoin: A Peer-to-Peer Electronic Cash System〉을 통해 세상에 공개했다. 비트코인은 통화를 발행하고 관리하는 중앙 기관(회사, 정부, 은행 등)의 존재가 필요하지 않다. 개인과 개인이 직접 거래하는 P2P(Peer to Peer) 방식으로 거래가 진행된다. 해킹이 현실적으로 불가능하며 중앙 기관의 비합리적인 규제와 운영에서 자유롭다.

이러한 암호화폐의 구현을 가능케 하는 핵심적인 기술이 바로 블록체인(Blockchain)이다. 블록체인은 한마디로 '탈중앙'을 지향한다. 중개자를 없애고 소비자와 공급자를 바로 연결해주는 '직거래' 기술이기도 하다. 중앙으로 몰렸던, 네트워크에 있는 거래 내역과 같은 데이터를 사용자들에게 분산하여 저장한다. 은행, 증권사 등 미들맨의 도움 없이도 '신

뢰'할 수 있는 금융 거래가 가능해진다. 그럼 여기서 다시 한번 정리해보
겠다.

> 블록체인의 시발점 = 비트코인 = 새로운 금융 시스템

사토시 나카모토는 비트코인의 첫 번째 블록인 제네시스 블록
(Genesis Block)에 "재무장관, 은행에 두 번째 구제금융 제공 임박"이란
글귀를 새겼다. 이는 비트코인이 2008년 미국발 금융 위기에 대한 일종
의 대응책으로 만들어졌음을 증명한다. 중앙 관리자·은행·국가 기관을
믿을 수 없는 상황에서는 가장 기본적인 금융 거래마저 신뢰를 장담할
수 없다. 하지만 비트코인은 다르다. 이 새로운 암호화폐 시스템에서는 중
앙 기관의 중재 없이도 서로 신뢰할 수 없는 금융 거래를 제공한다.

우리가 알고 있는 블록체인의 시발점은 바로 비트코인이다. 그리고 비
트코인은 기존 금융 시스템이 가지고 있는 문제점에 대한 새로운 솔루션
으로 제시된 암호화폐다. 블록체인의 탄생 배경이 '금융'이라는 키워드와
매우 밀접하게 연결되어 있다는 뜻이다. 실제 블록체인 업계에서는 '탈중
앙화 금융서비스(De-Fi, Decentralized Finance)[9]'라는 신조어가 나왔
고 2019년 대표적인 트렌드로 떠오르고 있다. 뿌리를 알면 나무를 알 수

---

9 De-Fi(디파이)는 암호화폐와 스마트 계약을 이용한 금융 서비스를 총칭한다.

있고, 나무를 알면 어떤 잎새와 열매가 열릴지 알 수 있다. 블록체인의 뿌리는 금융이다. 새로운 혁명의 승자가 금융업에서 나올 것이라는 필자와 전문가들의 의견은 결코 허무맹랑한 상상이 아닐 것이다.

```
00000000   01 00 00 00 00 00 00 00   00 00 00 00 00 00 00 00   ................
00000010   00 00 00 00 00 00 00 00   00 00 00 00 00 00 00 00   ................
00000020   00 00 00 00 3B A3 ED FD   7A 7B 12 B2 7A C7 2C 3E   ....;£íýz{.²zÇ,>
00000030   67 76 8F 61 7F C8 1B C3   88 8A 51 32 3A 9F B8 AA   gv.a.È.Ã^ŠQ2:Ÿ.ª
00000040   4B 1E 5E 4A 29 AB 5F 49   FF FF 00 1D 1D AC 2B 7C   K.^J)«_Iÿÿ...¬+|
00000050   01 01 00 00 00 01 00 00   00 00 00 00 00 00 00 00   ................
00000060   00 00 00 00 00 00 00 00   00 00 00 00 00 00 00 00   ................
00000070   00 00 00 00 00 00 FF FF   FF FF 4D 04 FF FF 00 1D   ......ÿÿÿÿM.ÿÿ..
00000080   01 04 45 54 68 65 20 54   69 6D 65 73 20 30 33 2F   ..EThe Times 03/
00000090   4A 61 6E 2F 32 30 30 39   20 43 68 61 6E 63 65 6C   Jan/2009 Chancel
000000A0   6C 6F 72 20 6F 6E 20 62   72 69 6E 6B 20 6F 66 20   lor on brink of
000000B0   73 65 63 6F 6E 64 20 62   61 69 6C 6F 75 74 20 66   second bailout f
000000C0   6F 72 20 62 61 6E 6B 73   FF FF FF FF 01 00 F2 05   or banksÿÿÿÿ..ò.
000000D0   2A 01 00 00 00 43 41 04   67 8A FD B0 FE 55 48 27   *....CA.gŠý°þUH'
000000E0   19 67 F1 A6 71 30 B7 10   5C D6 A8 28 E0 39 09 A6   .gñ¦q0·.\Ö¨(à9.¦
000000F0   79 62 E0 EA 1F 61 DE B6   49 F6 BC 3F 4C EF 38 C4   ybàê.aÞ¶Iö¼?Lï8Ä
00000100   F3 55 04 E5 1E C1 12 DE   5C 38 4D F7 BA 0B 8D 57   óU.å.Á.Þ\8M÷°..W
00000110   8A 4C 70 2B 6B F5 1F 5F   AC 00 00 00              ŠLp+kõ._¬....
```

▲ 비트코인 제너시스 블록엔 담긴 메시지

암호화폐는 끊임없이 진화한다

앞서 언급했듯 현재의 금융 시스템에는 불필요한 중앙 관리자들이 많다. 이들은 시스템을 더 복잡하게 만들고 있고, 복잡성은 리스크 증가로 이어진다. 비트코인은 이 같은 중앙 관리자(혹은 정부)가 필요 없는 '자동화 금융 시스템'을 가능하게 한다는 점에서 혁신적인 미래 비전을 제시한다.

하지만 비트코인의 활용 범위는 여전히 매우 제한적이다. 일단 거래가 일어나면 취소가 어렵다. 중앙 기관 또는 중앙 장치가 없기 때문에 문제가 발생할 때 책임 소재도 분명치 않다. 무엇보다 현존하는 금융 시스템에 비해 느리고 수수료도 비싸다. 네트워크에 과부하가 걸리면 수수료를 더 내야 한다. 1,000원 보내는 데 수수료가 9,000원인 경우도 있다. 많은 경제학자·법조인·개발자들은 비트코인의 규칙에 동의하지 않는다.

이런 문제점을 보완하기 위해 여러 시도가 있었다. 비트코인이 탄생하고 나서 약 6년 후인 2014년, 러시아 출신 개발자 비탈릭 부테린(Vitalic Buterin)은 "차세대 스마트 계약 및 분산 응용 애플리케이션 플랫폼(A Next-Generation Smart Contract and Decentralized Application Platform)"이라는 백서를 공개했다. 이를 통해 그는 새로운 블록체인 서비스 이더리움을 선보였다. 2세대 블록체인 시대의 막이 오른 것이다.

이더리움의 새로운 블록체인 기술은 비트코인으로 대변되는 1세대 블록체인의 단점들을 보완했다. 비트코인의 경우 블록 1개의 사이즈가 1MB밖에 되지 않았지만, 이더리움은 블록의 크기가 유동적으로 늘어날 수 있도록 조정했다. 상황에 맞게 1MB, 10MB 등 다양한 사이즈로 변화가 가능하다. 처리 속도도 혁신적으로 줄였다. 기존 소요 시간은 10분이었지만 이더리움에서는 10초 이내로 체결이 가능하다.

또한 스마트 계약이라는 기능이 추가되었다. 이는 블록체인 2세대의 정체성을 드러내는 주요 특징 중 하나다. 비트코인 블록체인 기술은 금융 거래에 한정된 반면, 스마트 계약이 추가된 이더리움 블록체인 기술의 경우 금융 거래뿐 아니라 유통 엔터테인먼트 소셜 서비스 등 다양한 영역에 적용할 수 있다는 것을 기술적으로 입증했다. 이더리움 플랫폼은 JP모건, 인텔, 마이크로소프트 등이 참여하고 있는 '이더리움 기업 연합(Enterprise Ethereum Alliance)' 등을 통해 다양한 실험을 시행하고 있다. 자본이 풍부하고 각자 영역에서 산업을 선도하는 회사들이 이더리움 프로젝트에 참여하고 있다는 점은 분명 긍정적인 신호다.

스마트 계약 기능을 보유한 이더리움은 운영 체제(Operating System, OS)의 성격을 가진다. 실제 이더리움 플랫폼 위에서 다수의 디앱

(Decentralized Application)이 나왔다. 대표적인 사례로는 메이커다오(MakerDAO)·크립토키티즈(CryptoKitties)·포모3D(Fomo3D) 등이 있다. 메이커다오는 탈중앙화 금융 프로젝트다. 암호 자산인 이더리움을 담보로 다이(DAI)라는 스테이블 코인(Stable Coin)[10]을 발행한다. 쉽게 말해 이더리움 기반 암호화폐 대출 플랫폼인 것이다. 주택을 담보로 대출을 받는 것과 유사한 개념이다(주택 → 암호화폐, 대출금 → 다이). 다이는 다수의 디앱에서 활용할 수 있다. 유엔 아동 기금인 유니세프에서는 다이를 기부금으로 받는다. 시스템이 안정적으로 운영되면 돈을 빌려준 사람은 이자도 받을 수 있게 된다. 단, 메이커다오는 특정 '기관'이 아닌 '개인'들이 개별적으로 스테이블 코인을 발행한다. 알고리즘 기반이기 때문에 제3자가 개입할 필요가 없다. 이를 통해 전통 금융시장에서 해결하지 못한 비효율성을 줄인다. 이외에도 유니스와프(Uniswap)라는 분산형 거래소, 탈중앙화 마진 거래를 제공하는 디와이디엑스(dYdX) 등 다양한 형태의 이더리움 기반 금융 프로젝트가 진행 중이다.

크립토키티즈는 이더리움 블록체인에 기반을 둔 디지털 고양이 수집 게임이다. 한때 대한민국을 강타한 다마고치 게임과 유사하다. 게임 방법은 비교적 단순하다. 사용자는 고양이를 교배해 특별한 품종을 만들어 다른 사용자와 거래할 수 있다. 독특한 품종일수록 고가에 거래된다. 통계 자료에 따르면 전체 이더리움 디앱 사용 건수의 38%가 크립토키티즈·포모3D와 같은 게임 분야에서 발생하고 있다.

---

10   스테이블 코인은 비트코인 등과 달리 가격 안정성을 보장하는 암호화폐다.

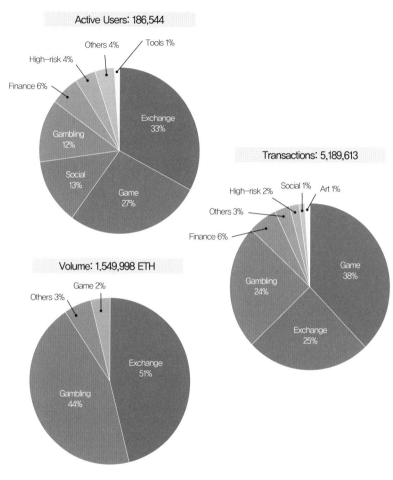

Active Users: 186,544

Others 4%
Tools 1%
High—risk 4%
Finance 6%
Gambling 12%
Social 13%
Exchange 33%
Game 27%

Transactions: 5,189,613

High—risk 2%
Social 1%
Art 1%
Others 3%
Finance 6%
Gambling 24%
Game 38%
Exchange 25%

Volume: 1,549,998 ETH

Game 2%
Others 3%
Gambling 44%
Exchange 51%

▲ 2019년 1분기 기준 이더리움 디앱 통계 (출처: dapp.com)

하지만 이더리움은 2016년 발생한 DAO 해킹 사건으로 시스템의 보안성을 의심받고 있다. DAO는 이더리움 기반의 투자 프로젝트였는데,

투자 총액 약 2,000억 원 중 750억 원에 달하는 이더리움이 해킹을 당했다. 이외에도 합의 알고리즘 방식, 거래 처리 속도 등 개선이 필요한 부분들이 많다. 블록체인의 3가지 핵심 요소를 꼽자면 보안성·탈중앙·확장성을 말할 수 있는데, 이더리움의 경우 보안성과 탈중앙화에 초점을 맞춰서 거래 처리 속도가 매우 느리다. 초당 처리할 수 있는 거래량이 20건 수준에 불과하기 때문에 확장성이 떨어진다.

3세대 블록체인은 이전 블록체인 기술이 가지고 있던 문제점들에 대한 대안을 제시하며 나타났다. 가장 주목을 많이 받았던 블록체인 방식은 바로 이오스(EOS)다. 이오스는 초당 거래량을 3,000건까지 늘리면서 기존 블록체인이 해결하지 못한 처리 속도 문제를 혁신적으로 개선했다. 하지만 이 과정에서 자본이 중앙에 집중되는 현상이 발생했고, 1세대·2세대 블록체인이 지향한 '탈중앙화된 의사 결정'이 어려워졌다. 그럼에도 불구하고 이오스 블록체인상에서는 과거와 달리 다양한 프로그래밍 언어가 지원되고, 합의 알고리즘도 위임지분 증명방식(Delegated Proof of Stake, DPoS)로 진화하는 데 성공했다. 국내 음원 플랫폼 업체인 소리바다는 2019년 8월부터 이오스를 기반으로 한 음원 플랫폼 개발을 시작했다. 사용자들의 음원 이용 정보가 블록체인에 기록돼 사재기나 차트 조작을 방지한다. 콘텐츠 제작자들은 블록체인이 추구하는 탈중앙화의 가치를 통해 중앙 플랫폼의 독점에서 벗어나 더욱더 공정하고 합리적인 수익 배분을 기대할 수 있다.

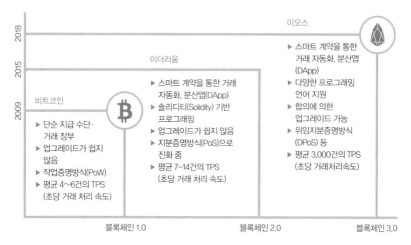

▲ 블록체인 3.0 시대로의 진화 (출처: Roberto Candusio 2018)[11]

　물론 블록체인은 여전히 가야 할 길이 멀다. 하지만 '탈중앙화'라는 공통의 지향점을 향해 여러 방식의 유의미한 시도들이 지속해서 이루어지고 있다. 초기에는 금융 분야를 중심으로 발전하고, 이후에는 기술 진화에 따라 활용 분야가 점차 넓어질 것으로 예상된다.

　블록체인·암호화폐는 오늘도 진화에 진화를 거듭하고 있다.

11　출처: https://steemit.com/blockchain/@techsruptive/2018-blockchain-3-0-
　　are-you-ready

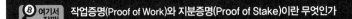

여기서 잠깐! ⑧ 작업증명(Proof of Work)와 지분증명(Proof of Stake)이란 무엇인가

블록체인은 말 그대로 블록(block)들을 체인(chain)으로 연결한 분산 데이터 저장 환경이다. 그렇다면 이 각각의 블록들은 어떤 방식으로 생성되는 것일까? 바로 '채굴(Mining)'이라는 과정을 거쳐 생성된다. 비트코인의 경우 작업증명(Proof of Work, PoW)이라는 방식으로 채굴을 진행한다. 작업증명의 원리를 간단하게 설명하면 '일한 만큼 받는' 방식이다. 예컨대, 채굴하는 컴퓨터의 성능이 좋으면 좋을수록 더 많은 보상을 받을 수 있다. 하지만 만약 큰 자본 세력이 엄청난 양의 컴퓨터를 동원해서 채굴 시설을 운영하면 소수에 의해 시장이 장악될 수 있다는 단점이 있다. 또한 채굴 과정에서 낭비되는 에너지와 환경 문제가 매우 심각하다.

이와 같은 문제점을 보완하기 위해 나온 채굴 방법이 바로 지분증명(Proof of Stake, PoS)이다. PoS도 쉽게 설명해보자면 '많이 가지고 있을수록 많이 받는' 방식이다. 예컨대 특정 회사의 주식이 많으면 그에 따라 배당금을 더 많이 받을 수 있는 것과 유사한 개념이다. PoS의 경우 채굴자가 가지고 있는 지분의 양(코인 개수)이 많을수록, 채굴자가 블록을 캘 가능성이 올라간다. 수식으로 단순화해 정리하면 다음과 같다.

채굴기의 연산 속도 = 채굴자가 보유한 코인 개수(지분)

다시 말해 PoW 방식에서 코인을 채굴하기 위해서는 '고성능 채굴기'에 돈을 쓰는 게 맞지만, PoS 방식에서는 그 돈으로 '코인'을 구매해 지분을 늘리는 게 채굴 확률을 높이는 방법이다. PoS 역시 거대 자본의 공격으로부터 완전히 자유롭기는 어렵다. 하지만 적어도 PoW 채굴기를 통한 막대한 양의 자원이나 전력의 소모 문제는 해결할 수 있을 것으로 보인다.

더불어 PoW 방식에서 51%의 해시파워(채굴 파워)를 가지는 비용은 약 1조 원정도이지만, PoS에서 전 세계 자산의 51%를 확보하기 위해서는 약 100조 원이 필요하다고 한다. PoS가 PoW 방식에 비해 중앙 집권화가 더 어렵다는 뜻이다. 이미 채굴을 진행 중인 수많은 채굴업자의 반발 때문에 변화가 쉽지는 않겠으나, 시가총액 기준 세계 2위 암호화폐 이더리움은 지분증명으로 전환을 준비 중이며, 3세대 블록체인 이오스는 유사한 개념인 위임지분증명방식(Delegated Proof of Stake, DPoS)을 채택했다.

대기업·대형 기관,
블록체인 산업을 리드한다

2018~2019년 블록체인·암호화폐 업계는 다사다난한 시간을 보냈다. 2018년 초 사상 최고가(2,660만 원)를 기록했던 비트코인은 한때 300만 원대까지 떨어졌다. 검찰은 국내 최대 거래소인 업비트의 임원을 자전거래 혐의로 불구속 기소했으며, 중소벤처기업부는 암호화폐 거래소를 벤처 기업에서 제외하는 시행령을 통과시켰다. 2,000개 이상의 새로운 암호화폐가 생겨났지만 디지털 자산의 하락은 ICO 시장의 하락으로 이어졌다.

그런데도 블록체인 산업에 대한 투자는 지속해서 이루어지고 있다. 매년 미국의 벤처 투자 통계를 집계해 발효하는 피치북(Pitchbook)의 조사에 따르면, 2018년 미국 VC의 디지털 자산 관련 투자는 전년 대비 4배 이상 증가했다. 디지털 자산 가격이 70~90% 수준으로 급락했지만 기관투자자들이 여전히 이 산업에 베팅하고 있는 것이다. 2019년도에는 투자가 다소 주춤했지만, 뉴욕증권거래소(NYSE)를 소유하고 있는 인터콘티넨털 익스체인지(Intercontinental Exchange, ICE)가 비트코인 선물 거래 플랫폼 백트(Bakkt)를 출시했다. 업계 관계자들은 글로벌 금융 그룹인 ICE가 암호화폐 시장에 진입할 수 있는 새로운 표준을 만들고, 더 많은 기관 투자의 참여를 끌어낼 것으로 예상한다.

정부의 규제 및 시장의 불안정성으로 인해 적극적이지 못했던 국내 대기업들도 블록체인 시장 진출에 속도를 내고 있다. 삼성전자는 신작 스마트폰인 갤럭시 S10에 암호화폐 지갑을 탑재했다. 디앱을 사용하기 위해서는 개인 키를 보관할 수 있는 암호화폐 지갑이 필요한데, 스마트폰에 지갑이 내장돼 있을 경우에는 스스로 찾아봐야 하는 수고를 덜어주어, 디앱을 더 편리하게 사용할 수 있게 된다. 연간 3억 대 판매를 목표로 하는 삼성 갤럭시 시리즈가 암호화폐 지갑을 탑재하면서 앞으로 아이폰 등 다른 스마트폰에도 적용될 가능성이 매우 높아졌다. 현재 전 세계에서 가장 인기 있는 모바일 지갑이 100만 다운로드 이하라는 점을 감안하면, 블록체인·암호화폐 실용화에 의미 있는 이정표가 될 수 있을 것으로 보인다.

국내 대표 IT 기업인 네이버와 카카오 역시 자체 메인넷 구축과 블록체인 생태계 확장에 뛰어들었다. 카카오는 사용자에게 보상형 암호화폐를 지급하는 블록체인 플랫폼 '클레이튼(Klaytn)'을 공개했다. 클레이튼에서는 '클레이'라는 토큰이 사용된다. 해당 토큰은 카카오페이 결제·이모티콘 구매 등을 통해 확보할 수 있으며, 클레이튼 기반의 디앱에서 사

▲ 삼성전자와 카카오의 블록체인 자회사 그라운드X가 출시한 블록체인 스마트폰 (출처: 삼성전자)

이버 머니처럼 사용할 수 있고, 암호화폐 거래소에서 거래도 가능할 예정이다. 클레이튼은 블록체인 생태계에 상당한 영향을 줄 것으로 예상된다. 2019년 9월 6일에는 삼성전자와 협력해 블록체인 스마트폰 '클레이튼폰'을 출시할 것이라고 발표했다. 갤럭시 노트10에서 클레이튼 월렛과 블록체인 디앱을 지원한다. 음식 추천 서비스인 '해먹남녀', 뷰티 제품 추천 서비스인 '코스모체인' 등이 기본 디앱으로 탑재된다.

네이버의 자회사 라인(LINE)도 자체 암호화폐인 '링크(LINK)'를 개발했다. 링크는 라인의 블록체인 플랫폼인 링크 체인(LINK Chain)에서 구동된다. 라인 계열의 서비스 이용을 통해 토큰을 확보할 수 있으며, 해당 토큰은 다시 라인 계열 플랫폼에서 게임·콘텐츠 구매 등을 할 때 현금처럼 활용될 수 있다. 라인은 별도로 ICO를 진행하지 않고 암호화폐 거래소 '비트박스'를 통해 링크를 분배하는 방식을 택했다. 삼성SDS의 경우 자체 블록체인 플랫폼인 '넥스레저(Nexledger)'를 개발했다. 기존 블록체인에서는 구현하기 어려웠던 실시간 대량 거래 처리, 글로벌 스마트 계약

▲ 삼성전자와 카카오의 블록체인 자회사 그라운드X가 출시한 블록체인 스마트폰 (출처: 삼성전자)

시스템 등을 구축했다.

글로벌 시장도 마찬가지다. 전 세계 25억 명의 이용자를 보유한 세계 최대 SNS 기업 페이스북도 블록체인 기반의 암호화폐인 리브라(Libra) 출시를 공식화했다. 회사가 공개한 백서에 따르면, 페이스북은 리브라를 통해 가장 기본적인 금융 서비스조차 접근할 수 없는 17억 명의 세계인들을 위한 금융 인프라를 제공할 계획이다. (리브라에 대한 내용은 이어지는 뒤에서 자세하게 다룰 예정이다). IBM 역시 블록체인에 지대한 노력을 기울이는 대표적인 글로벌 기업이다. IBM은 알리바바와 함께 전 세계에서 가장 많은 블록체인 특허 기술을 보유하고 있다. 물류·유통 등 다양한 분야에서 계속하여 비즈니스 케이스(Business Case)를 만들고 있다. 대표적인 사례로는 블록체인을 활용하여 중국 월마트의 음식 유통망을 개선한 프로젝트가 있다.

여기서 우리는 두 가지 중요한 인사이트를 얻을 수 있다.

① 암호화폐 시장의 불황에도 불구하고 블록체인 시장은 꾸준히 진화하고 있다.
② 블록체인 시장의 무게 중심이 스타트업에서 대기업으로 이동하고 있다.

대형 기관이 변화를 이끈다고 해서 블록체인이 탈중앙적 성격을 갖지 못하는 것은 아니다. 세부적인 설명은 뒤에서 하도록 하겠다.

어찌 보면 너무나도 자연스러운 현상이다. 블록체인은 인터넷과 같이 하나의 거대한 인프라이다. 단순하게 전자상거래용 웹사이트나 모바일 앱을 만드는 수준이 아니다. 글로벌 경제 및 사회의 '기반 기술'을 혁신하기 위해서는 엄청난 규모의 자금·인력·시간이 필요하다. 스타트업들이 블록체인 산업의 발전에 기여할 수 있을 것이라는 점에는 이견이 없지만, 변화를 '주도'하기는 쉽지 않은 구조다.

블록체인과 유사한 기반 기술인 인터넷의 사례를 살펴보자. 인터넷 발달의 기틀을 마련한 것은 바로 TCP/IP(전송제어 프로토콜/인터넷 프로토콜)다. TCP/IP 이전에는 이메일을 교환하기 위해서 두 기계가 회선 등을 통해 연결 상태를 유지해야만 했다. TCP/IP는 정보를 디지털로 전환해 아주 작은 단위인 패킷으로 쪼갠 다음 수신자에게 보내는 방식을 통해, 전용 회선 없이 메시지·음성·데이터 등을 연결할 수 있는 네트워크를 창조했다. 그리고 이 혁신적인 기술은 월드와이드웹(World Wide Web, www)의 등장과 함께 빠른 속도로 대중에게 보급되었다.

이 과정에서 정보 교환에 필요한 하드웨어·소프트웨어 등을 만드는

▲ 인터넷이라는 기반 기술 위에 만들어진 대표적인 IT 기업들

기술 기업들이 대거 등장했다. 야후·알타비스타는 정보를 안내해주는 검색 엔진을 만들었고, 썬 마이크로시스템즈는 애플리케이션 프로그래밍 언어인 자바를 개발했다. 기반 시설이 구축되자 인터넷 기업들은 저비용 연결의 강점을 활용하여 새로운 서비스를 성공적으로 창출했다. 아마존(Amazon)은 오프라인 서점보다 더 많은 책을 더 저렴한 가격에 제공했고, 익스피디아(Expedia)는 항공권 구매 과정을 더 용이하게 만들어 사용자들의 편의성을 획기적으로 개선했다.[12] 결과적으로 현재 세계적으로 시가총액이 제일 높은 기업들의 절대적인 다수가 인터넷을 기반으로 하는 플랫폼 사업을 영위하고 있다.

인터넷과 인터넷 기업들의 발전사는 블록체인 산업에도 많은 시사점

---

12 출처: http://www.hbrkorea.com/magazine/article/view/5_1/article_no/900

을 제시한다. 첫째, 인터넷으로 불리는 혁신적인 기반 기술이 경제구조를 바꾸는 데 약 30년의 시간이 소요되었다. 둘째, 인터넷의 원형인 아파넷(ARPAnet)은 튼튼한 자금력과 방대한 인력을 보유한 미 국방부의 주도하에 이루어졌으며, 발족 당시의 노드 역시 UCLA·스탠포드 대학 등 대형 조직을 중심으로 진행되었다. 셋째, 초기 기술의 미흡함으로 인해 인터넷의 성공을 확신하는 이들은 극히 소수에 불과했다. 넷째, 인터넷 시대의 승자는 앞서 언급한 인프라를 구축한 기업들(Java, Netscape 등)과 구축된 인프라 위에서 새로운 서비스를 제공한 기업들(Amazon, Facebook 등)로 구분된다. 다섯째, 거대한 불확실성에 베팅한 소수의 플레이어들은 막대한 부를 창출했다. 여섯째, 인터넷의 폭발적인 성장은 '이메일'이라는 킬러앱의 탄생에서부터 시작되었다.

블록체인 = 인터넷 = 기반 기술 시사점

▶ 약 30년의 시간 소요
▶ 대형 조직 중심으로 진행
▶ 성공을 확신하는 이들은 극소수
▶ 인터넷 시대의 승자: 인프라&서비스
▶ 거대한 불확실성 베팅: 막대한 부 창출
▶ 폭발적인 성장은 '킬러앱'에서부터

다시 블록체인으로 돌아와 보자. 블록체인의 발전 역시 인터넷의 그것과 상당히 유사한 패턴을 보일 것으로 판단된다. 핵심 인사이트를 정리하면 다음과 같다.

① 인터넷과 마찬가지로 블록체인이라는 거대한 인프라가 자리를 잡기 위해서는 상당한 시간이 소요될 것으로 예상된다. 하지만 인류는 인터넷을 통해 상당한 경험치를 축적했다. 이를 통해 상대적으로 더 빠르게 기술의 발전이 이루어질 것으로 보인다. 미국의 IT 연구 기관인 가트너도 블록체인이 '부풀려진 기대의 최고점 (Peak of Inflated Expectations)'을 막 지났으며 향후 5~10년 이내에 성숙기에 접어들 것이라고 주장한다.

② 블록체인 발전은 대기업·대형 기관을 중심으로 이루어질 수밖에 없다. 앞서 언급했듯 '기반 기술'을 혁신하기 위해서는 막대한 규모의 자본·인력·시간이 요구된다. 일반 중소기업들이 쉽게 감당할 수 있는 수준이 아니다. 2017~2018년에는 수많은 스타트업들이 ICO를 통해 자본 조달을 시도했지만 2019년 들어 모금액이 전년 대비 90%가량 하락했다. 반면, 페이스북·카카오·라인 등 국내외 대기업들은 적극적으로 자체 암호화폐 발행을 진행하고 있다. 블록체인 프로젝트는 단순 모바일 앱이나 웹 서비스가 아니기 때문에 전 세계 20억 명 이상의 사용자를 확보한 페이스북도 성공을 장담할 수 없으나, 적어도 이들은 그 과정에서 필연적으로 발생하는 '실패 비용'을 감내할 맷집이 있다. 스타트업들에게 기회가 없을 것이라는 뜻은 아니다. 인터넷 시대에서 그러했듯, 새로운 인프라 위에서 새로운 서비스를 제공할 것이다. 1994년생 러시아 청년인 비탈릭 부테린처럼 암호화폐가 나아가야 할 방향성을 제시할 수도 있다. 다만, 블록체인이라는 기반 기술을 표준화하고 대중에게 상용화하는 과정을 이끄는 '주체'는 자본이 풍부한 대형 기업일 확률이 매우 높다는 것이 포인트다.

③ 블록체인이 다음 단계로 도약하기 위해서는 '이메일'과 같은 킬러앱이 필요하

다. 카카오의 블록체인 연구개발 담당 계열사인 그라운드X의 한재선 대표는 "아무도 사용하지 않는 기술은 의미가 없다"라고 말한 바 있다. 블록체인 기술은 아직 접근성이 떨어지고 쉽게 이용하기 어렵다. 반면 이메일은 직관적이다. 세상이 인터넷의 가치를 인정하게 했다. 성공 사례가 나오면서 제2의 이메일이 되기 위해 다양한 시도들이 이어졌고, 자연스럽게 자본의 흐름도 활발해지며 생태계가 빠르게 발전할 수 있었다.

블록체인은 무궁무진한 가능성을 갖고 있지만 아직은 미완성의 기술이다. 블록체인의 미래와 트렌드를 조금 더 정확하게 알기 위해서는 현재의 문제점을 파악하는 것이 중요하다. 다음 장에서는 블록체인의 실행을 가로막는 장애물들이 무엇인지 살펴보자.

블록체인·암호화폐의 실행을
가로막는 장애물들은 무엇인가

블록체인은 분명 잠재력이 큰 기술이지만, 아직까지는 초기 단계에 가깝다. 따라서 꽤나 심각한 장애물이 아주 많이 존재한다. 일부 독자들은 이를 보고 "블록체인은 역시 안 돼"라고 판단하거나 "극복할 수 있는 난관"이라고 생각할 수 있다. 필자는 물론 후자 쪽이다. 혁신에는 필연적으로 실패와 내부 갈등이 존재한다고 믿기 때문이다. 물론 선택은 독자의 몫이다. 자, 그럼 이제 블록체인의 앞길을 막고 있는 어려움이 무엇인지 살펴보자.

공통 표준의 부재

블록체인이 상용화되기 위해서는 공통 표준을 세워야 한다. 대형 금융 기관과 협력하고 있는 R3 컨소시움 같은 곳이 있지만 단일화된 프로세스를 구축하려는 움직임은 찾아보기 어렵다. 블록체인 공동체는 인터넷과 달리 방향을 잡아줄 국제인터넷표준화기구(IETF)나 국제인터넷주소관리기구(ICANN)와 같은 공공 조직이 미비하다. 당연한 얘기지만 블록체인 공동체는 중앙 감독 기관에 우호적이지 않다. 그러나 거버넌스 및 공통 표준 문제에 대한 합의가 이루어지지 않는다면, 블록체인 혁명의 불꽃은 만개하기도 전에 사라질 수 있다.

엄청난 에너지 소비

블록체인 기술을 돌리는 작업은 막대한 양의 전력을 소모한다. 비트코인 네트워크의 경우 연간 42TWh 이상의 전력을 소비하는데, 이는 대서양 횡단 비행을 약 100만 번 정도 한 것과 비슷한 수준이며, 이에 따라 엄청난 양의 이산화탄소를 배출한다. 이뿐 아니라 장비가 고장 나지 않게 하기 위해서는 지속적으로 냉각 장치를 돌려야 하는데, 이때 배출되는 오염 물질의 양도 만만치 않다. 환경을 걱정하는 지구인으로서 우리 모두 고민해야 할 점임은 분명하다.

개인 정보 유출

블록체인은 매우 높은 수준의 보안성을 갖고 있지만, 오히려 이로 인해 개인 정보가 더 노출될 수도 있다. 언뜻 들으면 잘 이해되지 않지만 차근차근 살펴보자. 기본적으로 블록체인의 블록 안에는 모든 정보가 들어간다. '변경'이나 '수정'은 불가능에 가깝지만 '확인'하는 수준까지는 가능하다. 만약 악의를 품은 특정 참여자들이 개인의 사적인 정보에 접근할 수 있게 된다면, 이와 관련된 사기 범죄가 더 늘어날 수 있다. 또한 정보를 '변경'이나 '수정'하지 못한다는 것은 사실 개인 정보 관련 법과 규정을 위반하는 것이기도 하다. 나라마다 차이가 있기는 하지만 기본적으로 모든 시민은 본인들과 관련된 데이터를 지울 수 있는 권리가 있다. 예컨대 필자가 어느 날 술에 취해 인스타그램에 이상한 사진을 올렸다고 치자. 필자에게는 다음 날 일어나서 이 사진을 보고 바로 삭제할 수 있는 '권리'가 있다. 그러나 앞에서 언급했듯 블록체인 네트워크 안에서는 삭제나 수정이 불가하다. 이 때문에 블록체인이 상용화되기 위해서는 이와 관련한 제도에 대한 교통 정리가 필요하다. 이를 해결하기 위해서는 정부의 개입이 불가피할 것으로 보인다.

미숙한 기술 및 소프트웨어

블록체인 플랫폼은 여전히 미숙한 단계다. 2세대 블록체인으로 구분되는 이더리움을 예로 들어보자. 이더리움의 핵심적인 개념인 스마트 계약을 구현하기 위해서는 솔리디티라는 프로그래밍 언어를 사용해야 하는데, 솔리디티의 경우 소수점 사용을 지원하지 않아 프로그래밍을 할 때 별도의 우회로(workaround)를 만들어야 하는 경우가 있다. 코딩에 대한 지식이 없는 독자들을 위해 쉽게 애기하자면, 블록체인 플랫폼은 개발자가 사용하기 '불편한 도구'라는 얘기다. 실제 이 같은 코드의 결함(code flaw)으로 인해 3,000억 원 이상의 암호화폐가 묶여버린 사건이 발생한 적도 있다. 또한 블록체인은 아직 미성숙한 기술이기 때문에 시스템 고장이나 소프트웨어 버그에 더욱더 민감하다. 3세대 블록체인 기술이 나오면서 이 같은 문제점들이 많이 개선되고 있지만, 사용자들은 여전히 기술적 정교함이 부족한 블록체인에 크게 실망할 수 있다.

기득권 세력과의 대결

블록체인이 대중화되면 중앙 집중적 시스템을 통해 막대한 부를 창출하고 있는 기득권 세력과의 갈등이 불가피할 것으로 보인다. 온라인 사용자들에게 거대 플랫폼들이 제공해왔던 보증 체계가 더는 필요하지 않기 때문이다. 다양한 산업에서 대대적인 변화가 일어날 수 있다. 예컨대 은행과 같은 금융 기관은 직격탄을 제대로 맞을 것이다. 하지만 블록체인이 이같이 강력한 중앙 조직에 맞서 명맥을 유지하는 것 또한 결코 쉽지 않을 전망이다. 현재 시장을 이끌고 있는 기득권 세력은 자신의 영역을 보호하기 위해 대대적인 로비를 벌일 수 있다. 중국과 같이 특정 국가에서는 이미 강력한 규제를 가하기 시작했고, 미국의 트럼프 대통령 역시 비트코인과 리브라에 대한 불신을 여과없이 드러냈다. 중앙 집중적 시스템을 지향하는 기존의 강자들은 막대한 자금과 권력을 이용해 네트워크를 독점하려 할 수도 있다.

1세대 인터넷에서는 소수의 기득권 세력이 시장을 독점해 막대한 부를 창출했다. 블록체인 혁명가들은 과연 이들과의 싸움에서 어떠한 방식으로 살아남을 것인가? 상충하는 두 세력이 서로를 만족시킬 타협점을 찾아낼 것인가?

암호화폐에 대한 열기가 뜨거워지면서 암호화폐를 투기의 수단으로 이용하는 사람들 역시 많아졌다. 우리나라도 2017년 말부터 비트코인에 대한 관심이 급격히 상승하면서 젊은 층 중심으로 암호화폐는 더 이상 낯선 존재가 아니다. 그런데 비정상적인 투기 과열로 인한 부작용이 발생하고 있는 가운데 정부는 암호화폐 거래소 폐쇄까지 고려하는 등 강경한 입장을 취했다.

하지만 암호화폐의 핵심 기술인 블록체인에 대한 입장은 반대다. 미래 산업을 이끌어갈 주요 기술로 구분하고 육성 방안을 내놓고 있다. 암호화폐와 블록체인에 대한 규제 안이 엇갈리고 있는 가운데 우리나라를 비롯한 주요국의 암호화폐와 블록체인에 대한 규제 현황이 어떻게 전개되고 있는지 알아보자.

앞서 밝혔듯이 우리나라 정부의 기조는 "암호화폐는 규제하되, 핵심 기술인 블록체인은 육성한다"고 보면 된다. 업계에서는 이 발언 자체가 모순이며, 암호화폐와 블록체인을 엄격히 구분해 각각 다르게 규제하는 것은 해당 기술에 대한 이해가 부족한 발언이라는 지적이 나오고 있다.

우리 정부는 2017년 9월, 암호화폐 공개(ICO)를 전면 금지하는 조치를 취했고, 이낙연 전 총리 역시 암호화폐를 '투기'로 규정했다. 암호화폐와 블록체인 기술에 대한 올바른 정보가 아니라 투기적 열기에 따라서 너도 나도 사고파는 거래를 막기 위해서다. 2019년 하반기인 현재 시점에서도 정부의 기조는 동일하다. 권대영 금융위원회 금융혁신기획단장은 2019년 6월 고려대학교 블록체인연구소 제1회 산학협력포럼에서 "블록체인 기반 기술은 육성하지만 암호화폐에 대해서는 규제한다는 것이 정부의 기본 원칙"이라고 밝혔다. 이처럼 금융위를 포함한 정부의 암호화폐에 대한 입장은 앞으로도 유지될 것으로 보인다. 다만 권단장은 "암호화폐에 대한 국제적 논의가 이뤄지고 있고 자금세탁방지에 대한 규제가 합의됐다"고 말하며 "암호화폐가 암호자산으로 정의가 된 만큼 대한민국 국회도 국제적 논의에 맞춰 관련 법안에 대해서 논의하고 있다"라고 설명했다. 암호화폐에 대한 기존의 정부 입장은 동일하지만 국제적 암호화폐 정의와 규제에는 동참하겠다는 것이다.

2018년까지만 하더라도 블록체인 기술에 대한 뚜렷한 규제나 육성안이 구체적으로 밝혀진 바가 없었지만 최근에는 이를 위한 움직임이 조금씩 나타나고 있다. 2019년 6월 24일 제2대 한국블록체인협회장으로 선출된 오갑수 회장은 취임사에서 "블록체인 기술은 특히 서민과 중소기업을 위한 포용 금융과 포용 경제의 생태계를 조성하고 금융과 핀테크, 유통, 무역, 물류네트워크, 의료 서비스 등 경제, 사회문화 전반을 발전시켜 수많은 일자리를 창출할 것으로 기대된다"며 "국내 블록체인 산업 발전을 위해 노력하겠다"고 말했다.

2019년 7월에는 부산시가 '블록체인 규제자유특구'로 지정되었다. 블록체인 특구에서는 미래형 물류체계 구축, 스마트투어 플랫폼 구축, 공공안전 영상제보 및 데이터 거래 플랫폼 구축, 디지털 바우처 발행 등 4가지 실증 사업이 진행된다. 10월에는 부산시가 한국인터넷진흥원 및 참여 사업자 4곳 등과 협약식을 가지면서 실증 사업 수행에 속도를 내기 시작했다. 유재수 전 부산시 경제부시장은 협약식에서 "블록체인 특구 사업자 간 상호 기술과 정보, 지식의 협력을 통해 지역경제 활성화 및 일자리 창출에 큰 도움이 될 것으로 기대한다"고 밝혔다.

중국&일본

그렇다면 같은 아시아 국가이자 이웃 나라인 중국과 일본은 어떨까? 중국부터 살펴보자면 중국은 가장 강경하게 암호화폐에 대한 금지를 선언한 국가다. 우리나라보다 먼저 2013년 12월, 중국인민은행이 '비트코인 리스크 예방에 관한 통지'를 발표하며 금융 회사가 고객에게 비트코인과 관련된 서비스를 제공하는 것을 금지했다. 또한 2014년 3월 중국인민은행은 금융 회사가 비트코인 거래소에 계좌 개설, 송금, 환전 등의 서비스를 제공하는 것을 금지하면서 강경한 입장을 세웠다. 전 세계적으로 암호화폐에 대한 기대 심리가 과열되던 가운데 2017년 9월, ICO에 막대한 자금이 몰리고 불법적인 거래가 이루어질 가능성이 보이자 ICO도 전면 금지했다. 비트코인뿐 아니라 다른 암호화폐도 거래를 중단했으며 오로지 중국인민은행에서 발행하는 디지털 화폐만 인정할 것이라는 입장을 밝혔다. 그런데도 금융 사기와 비정상적인 다단계가 성행하자 중국 정부는 2018년 10월에 '블록체인 정보 서비스 관리 규정'의 초안을 발표하고

2019년 2월부터 본격적으로 시행하며 암호화폐에 대해서 강화된 규제를 이어오고 있다.

블록체인에 대한 입장은 우리나라와 비슷하다. 암호화폐는 규제하지만 블록체인 기술은 구분해서 육성하겠다는 것이다. 2016년 2월, 중관춘 블록체인산업연맹을 설립하여 블록체인에 대한 연구를 본격적으로 시작하였고, 같은 해 10월 국가 공업정보부가 '중국 블록체인 기술과 응용 발전 백서'를 발표하고, 블록체인 표준화에 대한 가이드라인과 기준을 제시하며 본격적인 기술 개발에 임할 것을 알렸다. 2018년 3월에는 산업정보부가 블록체인 기술 표준화를 건설적으로 추진하겠다고도 밝혔다. 중국 기업들도 이러한 정부의 기조에 맞춰서 움직이고 있다. 2019년 10월에는 알리바바의 금융 결제 서비스 알리페이가 트위터를 통해 비트코인을 비롯한 암호화폐와 관련된 거래를 금지할 계획이라고 밝혔다. 하지만 알리바바의 온라인 금융 사업을 총괄하는 앤트 파이낸셜의 서비스형 블록체인인 '앤트 블록체인 BaaS 플랫폼'은 중국을 넘어 해외로 사업을 확장하고 있다. 10월 초에는 앤트 파이낸셜이 블록체인 기반 농산물 추적 시스템을 개발했다고 발표한 바 있다. 이처럼 알리바바를 비롯한 바이두, 텐센트 등 중국 기업들도 블록체인 기술에는 관심을 가지고 있지만 암호화폐에 대해서는 조심스러운 입장을 보이고 있다.

하지만 일본은 다르다. 활발하게 암호화폐와 블록체인 기반 산업을 장려하고 있다. 2014년 발생한 거래소 마운트곡스(MTGOX) 해킹 사건 이후 암호화폐 투자자 보호를 위해 암호화폐 법제화에 나선 일본은 2017년 법 개정을 통해 암호화폐를 자산으로 인정하고 암호화폐로 상품을 구입할 때도 현금이나 카드로 결제할 때처럼 소비세를 부과한다. 암호화폐 취급 거래소와 거래 은행에 본인 인증 절차(KYC)를 요구하고 암호화폐를 자산으로 보고 자본이득세도 부과한다. 최근에는 일본 재무성과 금융청이 암호화폐 결제 네트워크를 개발하고 국제자금세탁방지기구 승인도 얻었다. 해당 네트워크는 스위프트(SWIFT)와 유사하다고 알려졌다. ICO 역시 금지하거나 규제를 가한다기보다는 제도권 안으로 포함시켜 오히려 정부가 적극적으로 관리하겠다는 입장이다.

일본에서 블록체인 관련 산업은 어떻게 구성되고 있을까? 동아시아 3국 중 가장 암호화폐에 대한 규제가 덜하다 보니 아시아는 물론 세계 각국의 블록체인 스타트업이나 회사가 일본을 주요 시장으로 보고 진출하고 있는 실정이다. 일본의 중고 거래 유니콘인 메루카리(Mercari)와 미쓰비시UFJ파이낸셜그룹(MUFG) 등이 암호화폐를 활용한 서비스를 준비하고 있다. 카와이 켄 변호사(일본 암호화폐사업자협회 자문 변호사)는 "일본 내외환어음 일원화 협회(SBI Ripple ASIA)가 주도하는 블록체인 기반 송금 플랫폼, 도쿄전력의 전력 직접 거래 플랫폼, NTT 데이터의 무역 정보 연계 서비스, 도요타 연구 자회사가 미국 MIT 미디어 랩과 진행하는 블록체인 기반 자율주행차 이력 관리 서비스 등 최근 일본 내 사업이 크게 성장했다"고 설명했다.

미국

세계 경제의 중심인 미국 역시 일본과 마찬가지로 암호화폐를 자산으로 인정하고 자본이득세를 부과하고 있다. 몇몇 주는 결제 수단으로 인정한 상황이다. 거래 시에는 자금 세탁 방지를 위한 고객 신원 확인, 사이버 보안 등도 강화하고 있다. ICO에 대해서는 ICO 적격 투자자 제도를 운영하고 있다. 은행이나 증권사 등의 기관, 최근 2년간 연간 소득 20만 달러 초과인 개인 등 확실하게 투자 손실을 감당할 수 있는 적격한 주체만 ICO에 참여할 수 있도록 했다.

미국 또한 블록체인 관련 산업이 가장 활발하게 이루어지는 국가 중 하나다. IBM, 인텔, 구글 등 세계적인 기업에서 이미 블록체인을 활용한 신기술을 활발히 연구·개발하고 있다. 미국의 증권거래소 나스닥 또한 2015년부터 블록체인 기술을 통해 비상장 주식을 기록하는 파일럿 프로젝트를 진행한 바 있다. 미국 의회도 블록체인 기술 및 암호화폐에 대한 관심이 뜨겁다. 미국 상원 은행위원회는 2018년 2월 6일(현지 시간) 워싱턴 D.C.에서 제이 클레이턴 미 증권거래위원회(SEC) 의장과 크리스토퍼 지안카를로 상품선물거래위원회(CFTC) 의장을 패널로 한 암호화폐 관련 청문회를 진행했다. 이 청문회에서는 암호화폐 시장의 투명성 논란과 투자자 보호를 위한 당국의 역할, 그리고 비트파이넥스(Bitfinex)의 비트코인 시세 조작 의혹 등에 대한 논의를 다루었다. 2019년에는 매년 개최되는 세계 최대 블록체인 콘퍼런스인 콘센서스(Consensus)에서 미 증권거래위원회의 헤스터 피어스(Hester Peirce) 위원이 블록체인 기술 및 암호화폐에 관련한 법규를 빠른 시일 내에 제도화하여 해당 분야의 기업들에게 도움을 줄 수 있도록 노력하겠다고 발표했다.

러시아

러시아 재무부는 2018년 1월, '디지털 금융 자산에 관한 법률안'을 마련해 러시아 중앙은행이 암호화폐의 발행과 유통을 통제해야 한다고 밝혔다. 실제로 암호화폐 거래 사이트를 차단하는 등 암호화폐와 관련 기술에 규제를 가하는 모습이었다. 그러나 최근 들어서는 입장이 변하고 있다. 푸틴 대통령이 직접 나서서 암호화폐 산업 규제안을 마련해서 수용할 것을 의회에 지시하는 등 능동적인 행보를 보이고 있다. 한편 러시아 정부는 블록체인 기반의 암호화폐를 통해서 서방의 경제 제재를 우회할 수 있다고 보고 있다. 2019년 3월에는 러시아 대통령실이 디지털 권리법을 통과시켜 민법에 반영하고 있고 푸틴 대통령의 요청에 따라서 디지털 자산 규제 법안도 통과될 예정이다.

블록체인 산업과 관련해서는 금융 업계를 중심으로 블록체인 기술 상용화를 추진하고 있는 실정이다. 2017년 12월, 러시아 최대 은행인 스베르뱅크는 IBM의 블록체인 소프트웨어를 활용한 송금 테스트를 실시했으며, 앞으로 타 은행이나 통신사와 제휴함으로써 이 시스템을 일반 고객들이 이용할 수 있도록 시스템 안정화 작업에 착수할 것이라고 전했다. 늦어도 2019년에는 블록체인 기술을 상용화하는 것이 목표라고 밝혔는데 실제로 2019년 9월 스베르뱅크가 싱가포르 석유 가스 무역 회사 트라피구라와 첫 블록체인 기반의 원스톱 거래 계약을 체결했다. 스베르뱅크 CEO 알렉산더 베디야킨은 "블록체인을 통해 거래의 모든 과정을 기록한다"라고 말하며 "블록체인 기술을 이용한 거래가 완벽한 비즈니스 솔루션임이 증명됐다"라고 설명했다. 스베르뱅크 측은 이러한 방식의 거래 덕분에 기존에는 24시간이 소요되었던 과정이 1시간으로 단축됐다고 밝히며 블록체인 기반의 파트너십을 지속적으로 늘려갈 예정이라고 밝혔다.

에스토니아

유럽의 블록체인 강국이라 불리는 에스토니아는 일찌감치 블록체인 기술을 받아들인 나라 중 하나다. 특히 국가가 나서서 전 세계 블록체인 기업들에게 러브 콜을 보내고 있다. 오래전부터 국가 차원의 블록체인망을 깔아 주민들의 건강·금융 기록 등을 통한 주민 관리와 전자 선거 서비스를 하고 있다. 인구 130만 명의 동유럽의 작은 나라지만, 블록체인 기술 활용만큼은 세계를 선도하는 강국이다.

2017년 8월엔 에스토니아 정부가 직접 암호화폐 에스트코인(Estcoin)을 발행하고 직접 ICO를 추진하겠다고 밝혀 세계의 관심을 집중시켰다. 적극적으로 암호화폐를 허용하고 그 기반 기술인 블록체인의 연구 개발을 장려함으로써 세계의 IT 허브가 되겠다는 목표를 세웠다. 하지만 2019년 9월 유럽중앙은행이 에스토니아의 행보에 제동을 걸었다. 유럽중앙은행 총재 마리오 드라기는 기자회견을 통해서 "유로존에서는 유로화만이 유일한 통화이며 어떤 회원국도 자국 통화를 도입할 수 없다"고 말하며 에스토니아 암호화폐 계획을 노골적으로 비난했다. 유럽중앙은행의 암호화폐에 대한 부정적인 의견은 이번이 처음은 아니다. 회원국에서 암호화폐가 합법화되면 관할권의 상당 부분을 상실하게 될 것을 우려하기 때문이다. 이에 에스토니아 정부는 최선의 진행 방법에 대해서 모색하고 있다. 유럽중앙은행도 암호화폐 시장이 지속적으로 커지고 있기 때문에 다양한 가능성을 열어두는 것은 의미가 있다고 말한 바 있다.

페이스북의 암호화폐 리브라(Libra), 미국의 USD를 위협하다

페이스북이 글로벌 디지털 암호화폐 사업 '리브라 프로젝트'를 진행한다고 공식 발표했다.

2019년 6월 18일에 공개된 백서에 따르면, 리브라 프로젝트는 비트코인과 같이 블록체인을 기반으로 하는 디지털 자산이다. 가장 기본적인 금융 서비스조차 받지 못하는 전 세계 17억 명의 인구에게 소셜 미디어를 통해 즉석에서 결제하고 돈을 송금할 수 있게 한다는 것이 페이스북의 설명이다. 리브라는 과거 한국에서 유행한 싸이월드의 '도토리'와 유사한 개념이다. 싸이월드의 사용자들은 '도토리'라는 사이버머니로 캐릭터를 사고 음악을 구매할 수 있었다. 친구 간에 도토리를 주고받는 것도 가능했다. 페이스북의 리브라도 플랫폼 내에서의 역할은 크게 다를 바 없지만, 가장 큰 차이점은 바로 파급력과 확장성이다.

대표적인 예로 해외 송금이 언급되었다. 블록체인을 기반으로 하는 리브라는 불필요한 미들맨(middleman)을 없앤다. 이를 통해 사용자들은 거의 무료에 가까운 비용으로 해외 송금 및 결제 서비스를 사용할 수 있다. 페이스북의 글로벌 영향력을 고려했을 때 리브라는 '초국가적 화폐'의 성격을 띨 것으로 예상된다. 리브라 암호화폐는 가격 변동이 크지 않은 스테이블 코인(Stable Coin)의 형태로 발행될 예정이다. 구체적 메커니즘은 아직 명확하지는 않지만, 실물 자산과 연동하여 가치를 보장할 것으로 보인다.

공교롭게도 리브라 발표 바로 다음 달인 2019년 7월 12일에 미 대통령 트럼프는 다음과 같은 트위터 메시지를 올렸다.

Donald J. Trump ✔
@realDonaldTrump
팔로우

I am not a fan of Bitcoin and other Cryptocurrencies, which are not money, and whose value is highly volatile and based on thin air. Unregulated Crypto Assets can facilitate unlawful behavior, including drug trade and other illegal activity....

오후 5:15 - 2019년 7월 11일

▲ 도널드 트럼프 美 대통령의 트위터 메시지 (출처: Twitter)

트럼프는 본인의 트위터를 통해 "나는 비트코인과 다른 암호화폐를 좋아하지 않으며" "페이스북의 리브라도 믿을 만한 기반이나 신뢰성이 거의 없을 것"이라고 말했다. 막강한 영향력을 가진 트럼프가 이런 글을 올리자 상당수의 블록체인·암호화폐 옹호론자들이 깊은 근심과 우려를 표명했다. 하지만 언론과 정치인들의 메시지를 있는 그대로 받아들이면 안 된다. 이들은 대중의 사랑과 관심을 먹고 산다. 필연적으로 중립적인 관점을 유지하기 매우 어렵다. 트럼프는 미국의 대통령이다. 미국의 대통령은 미국의 국익을 대변한다. 이런 맥락에서 접근하면 메시지의 본질을 쉽게 파악할 수 있고, 트럼프의 트위터를 다음과 같이 재해석할 수 있다.

트럼프 트위터 내용 해석 1

"나는 비트코인과 다른 암호화폐를 좋아하지 않는다."

→ 비트코인은 미국에 위협이 될 것이다.

트럼프 트위터 내용 해석 2

"페이스북의 리브라도 믿을 만한 기반이나 신뢰성이 거의 없을 것이다."

→ 리브라도 미국에 위협이 될 수 있다.

트럼프의 의도는 명확하다. 그는 리브라와 같은 블록체인 기반의 암호화폐가 미국에 위협이 될 수도 있음을 대중에게 알린 것이다. 야구로 따지면 일종의 '견제구'를 던진 셈이다. 그렇다면 미국을 위협한다는 것은 어떤 의미일까? 질문에 대한 답변은 '왜 미국이 세계 최강대국인지'에서부터 시작되어야 한다. 크게 3가지 이유가 있다. 첫째, 미국은 그 누구도 범접할 수 없는 압도적인 군사력을 보유하고 있다.[13] 둘째, 세계 최고의 교육 시스템을 가지고 있다. 셋째, 세계 경제의 기축통화가 미국의 국가 화폐인 '달러'라는 것이다. 특히 우리는 세 번째 팩트에 주목할 필요가 있는데 그 이유는 페이스북의 리브라가 '세계의 기축통화 = USD'라는 공식을 무너트릴 수 있는 잠재력을 가지고 있기 때문이다.

페이스북은 전 세계 24억 명의 사용자를 확보하고 있다. 관계사인 인스타그램 사용자는 10억 명이고, 왓츠앱 사용자는 약 15억 명에 달한다. 페이스북의 사용자가 은행예금 10분의 1을 리브라로 이전할 경우, 리브라 적립금이 약 2조 달러를 초과할 것으로 추산된다. 이들이 보유한 방대한 양의 빅데이터는 금융 거래에서 매우 유용하게 쓰일 수 있다. 금융 관련 비용 페이스북의 경제 규모는 개별 국가의 수준을 넘어섰고, 이들은 디지털 세계에서 자신만의 영역을 구축하며 강한 영향력을 행사하고 있다. 리브라 발행 계획 발표만으로도 각국 정부가 예민한 반응을 보이는 것은 결코 놀라운 일이 아니다.

특히 미국 입장에서는 리브라의 등장이 더 불편할 수밖에 없다. 미국은 2019년 하반기 기준으로 재정적자 1조 달러를 넘어섰다. 미국 경제는 달러를 지속적으로 찍어내면서 버티고 있는 구조다. 다시 말해 달러의 지위를 위협하는 리브라와 같은 '초국가적 화폐'는 국가 안보와 직결 될

---

13 다수의 전문가들은 현대전의 중심이 해군력이라고 주장한다. 2018년 기준 미국의 항공모함 수는 20척에 달하는 반면, G2로 부상 중인 중국은 3척에 불과하다. 중국의 경제력이 빠르게 성장하고 있지만 군사력 측면에서는 미국의 상대가 안 된다는 평가가 지배적이다.

수 있는 문제다.

물론 리브라가 무사히 발행되기 위해서는 국가 권력과 적정 수준에서의 타협이 필요할 것이다. 실제 페이스북은 2019년 7월 진행된 청문회에서 '미국 기업이 암호화폐 시대를 주도해야 한다'[14]는 전략적 카드를 제시했다. 디지털 화폐가 시대적 흐름인 만큼 페이스북과 같은 미국 기업이 주도권을 확보하는 것이 미국의 국익에도 도움이 된다는 논리다. 리브라가 무사히 발행되기 위해서는 넘어야 할 산이 많지만, 이 새로운 개념의 암호화폐는 분명 전통 화폐경제의 주체들을 뒤흔들고 있다.

그럼 이제 세계 최강대국 미국의 대통령까지 긴장하게 만드는 리브라 프로젝트에 대해서 조금 더 깊이 있게 알아보자.

리브라는 고대 로마의 무게 단위인 '리브라 폰도(Libra Pondo)'에서 유래되었다. 영국의 파운드(Pound)와 같이 무게 단위를 화폐 이름으로 사용한다. 리브라 프로젝트의 장기적 목표는 전 세계 모든 이들에게 '금융의 자유'를 주는 것이다. 인터넷과 모바일 기술의 발전에도 불구하고 앞서 잠시 언급했듯 무려 17억 명 이상의 인구가 가장 기본적인 금융 서비스에 대한 접근성이 없는 상황이다. 일부 국가에서는 단기 대출 이자가 연 400%에 달하는 등 경제력이 약한 계층이 금융 서비스를 위해 더 많은 비용(cost)을 지불하고 있다. 이웃 국가인 베트남, 미얀마, 캄보디아와 같은 동남아시아 국가들의 경우 현금 사용률이 선진국 대비 현저히 높고 카드 보급률은 매우 낮은 상황이다. 이는 전 세계 소수의 인구만이 현대

---

14 참고: http://www.zdnet.co.kr/view/?no=20190717153133

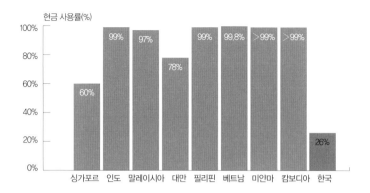

현금 사용률(%)

▲ 동남아시아 주요 국가의 현금 사용률 (출처: Global Insight)

금융 서비스의 혜택을 누리고 있음을 방증한다.

　페이스북은 리브라 프로젝트를 통해 "글로벌에서 통용 가능한 간편한 형태의 화폐와 금융 인프라"를 구축하고자 한다. 전 세계 24억명의 사용자를 보유한 소셜 미디어 플랫폼을 통해 금융서비스에 대한 접근성을 높인다. 더불어 불필요한 미들맨(middleman)을 제거하여 송금 및 결제를 위해 드는 비용을 혁신적으로 낮추고 가격 경쟁력을 확보할 수 있다. 베네수엘라, 짐바브웨 등 초인플레이션 국가에서는 대안 화폐의 역할 수행도 가능하다. 리브라의 주요 특징은 다음과 같다.

핵심 개념 1

　리브라는 페이스북이 아닌 독립적 기관인 리브라 협회(Libra Association)를 통해 통제된다. 협회는 비영리 조직으로 스위스 제네바에 설립 예정이다. 암호화폐 관련 최고 의사 결정 권한은 협회에 있으며, 페이스북은 협회가 안정화 궤도에 오르기 전까지만 핵심적 역할을 수행한다. 다수의 글로벌 공룡들이 협회에 가입하였으며, 향후 회원사의 수를 100개까지 확장할 계획이라고 밝혔다. 장기적으로는 특정 회사들이 의사 결정을 하는 구조에서 벗어나 퍼블릭 블록체인으로의 변환을 목표로 한다.

핵심 개념 2

리브라는 블록체인 기술을 기반으로 하는 암호화폐다. 불필요한 중앙 관리자를 없애면서도 '신뢰'할 수 있는 네트워크를 구축할 수 있다. 리브라는 협회 회원사만 노드로 참여할 수 있는 허가형(Permissioned) 블록체인을 사용한다. 비트코인과 같은 퍼블릭(Public) 블록체인처럼 완전 분산형은 아니지만, 협회 회원사 사이에서는 분산화가 이루어진다. 리브라의 블록체인은 초당 1,000건의 거래 처리가 가능하다. 초당 7~10건의 거래를 처리하는 비트코인보다는 성능이 더 뛰어나지만, 초당 2만 건 이상의 거래를 처리할 수 있는 중앙 집중형 기술(예를 들어 VISA)에 비해서는 속도가 느리다. 비트코인, 이더리움의 퍼블릭 블록체인은 채굴을 통해 블록을 추가하지만, 리브라는 '비잔틴 장애 허용 합의 알고리즘(Byzantine Fault Tolerant, BFT)[15]'을 사용한다. 더불어 프로젝트를 위해 자체 프로그래밍 언어인 무브(Move)를 개발했다. 참여자들은 무브를 통해 블록체인 상에서 스마트 계약을 구동하고 디앱을 개발할 수 있다. 안정성에 초점을

---

15 악의적 노드가 전체의 3분의 1 이하라면 합의의 신뢰성을 수학적으로 보장하는 방식으로, 신규 블록을 추가하는 합의 알고리즘 중 하나 (출처: 금융위원회)

맞춘 언어이며 이더리움 언어보다 더 세련됐다는 의견이 지배적이기도
하다.

핵심 개념 3

　　리브라 암호화폐는 실제 자산에 의해서 뒷받침된다. 비트코인, 이더리
움과 같은 암호화폐는 수요와 공급의 원칙에 의해 가격이 결정되지만, 리
브라가 지향하는 '스테이블 코인(Stable Coin)'은 국채·은행예금 등 실물
자산과 연동하여 가격 안정성을 보장한다. 테더(Tether) 암호화폐와 같
이 미국 달러와 1:1 연동을 하는 방식은 아니다. 리브라는 변동성 낮은
자산들로 구성된 준비금을 통해 간접적인 방식으로 가치를 보장한다. 이
준비금은 앞서 언급한 리브라 협회를 통해 관리 및 운영된다.

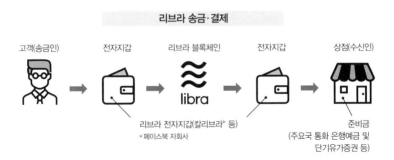

리브라 송금·결제

고객(송금인) → 전자지갑 → 리브라 블록체인 → 전자지갑 → 상점(수신인)

리브라 전자지갑(칼리브라* 등)
*페이스북 자회사

준비금
(주요국 통화 은행예금 및
단기유가증권 등)

리브라 협회(28개 회원사)

지급 결제
• 마스터카드
• 페이팔
• 페이유(Pay U)
• 스트라이프
• 비자(Visa)

기술 및 마켓 플레이스
• 부킹 홀딩스   • 리프트(Lyft)
• 이베이(eBay)   • 메르카도 파고
• 페이스북   • 스포티파이
• 파페치   • 우버(Uber)

통신
• 일리아드
• 보다폰

블록체인
• 앵커리지
• 비슨 트레일즈
• 코인베이스
• 자포 홀딩스

벤처 캐피털
• 앤드리슨 호로위츠
• 브레이크스루 이니셔티브스
• 리빗 캐피털
• 스라이브 캐피털
• 유니온스퀘어벤처스

비영리 · 다자간 기구
• 크리에이티브 디스트럭션 랩
• 키바(Kiva)
• 메르시 코프
• 여성(Women's) 월드 뱅킹

▲ 리브라의 구조 및 참여 회원사 (출처: 금융위원회)[16]

　혹자는 리브라가 결국 협회가 아닌 페이스북이 지배하는 구조로 갈 것이라고 주장한다. 블록체인의 탈중앙적 가치가 희석될 수밖에 없다는 뜻이다. 페이스북의 소셜 데이터와 금융 데이터가 합쳐지면 개인 정보 유출 피해가 더 커질 수 있다고도 말한다. 하지만 페이스북은 리브라 백서를 통해 자회사인 칼리브라(Calibra)를 설립하여 금융데이터를 별도로 관리할 것임을 밝혔고, 협회 회원사에게 동등한 의결권을 부여하는 분산형 구조임을 명확히 했다.

16　출처: https://drive.google.com/file/d/1p38kRyF4PB_
　　qHy4Xj9QOYRb40addlMFm/view (2019년 7월 자료)

아직 정해진 답은 없다. 인터넷은 초창기에는 탈중앙적 가치를 추구했지만, 산업화 과정을 거치면서 극도로 중앙화된 IT 공룡들을 탄생시켰다. 하지만 필자는 블록체인은 다른 길을 갈 수 있을 것이라 믿는다. 앞서 언급했듯 우리는 수 천 년의 역사를 통해 '중앙 집권화(centralization)'는 결국 '탈중앙화(decentralization)'로 이어짐을 알고 있기 때문이다.

탈중앙화는 거대한 시대적 흐름이다. 페이스북의 리브라는 이 시대적 흐름에 편승할 것인가? 아니면 중앙 집권화라는 관성에서 벗어나지 못할 것인가? 명확한 사실은 페이스북의 리브라가 미국을 긴장하게 만들었다는 것이다. 페이스북의 수장인 마크 저커버그도 이를 잘 인지하고 있다. 그는 "리브라를 제재하면 중국을 돕는 것"이라는 재밌는 프레임을 잡고 있다. 결국은 미국과 페이스북이 접점을 찾아갈 것으로 보이지만 워낙 예민한 이슈인 만큼 쉽게 예측하기는 어렵다.

페이스북의 리브라, 2020년 블록체인·암호화폐 업계의 흥미로운 관전 포인트다.

역사적 관점에서 풀어보는 암호화폐의 가치

이번에는 역사적인 관점에서 암호화폐가 화폐의 역할을 수행할 수 있을지 살펴보자. 먼저 화폐에 대한 정의가 필요하다. 학자마다 제시하는 기준이 조금 다르기는 하지만, 일반적으로 화폐는 교환이 가능하고 가치를 저장할 수 있어야 한다고 말한다.

돈이라는 개념이 처음 등장한 시기에는 어땠을까? 인류는 국가가 생기기 이전부터 서로에게 필요한 물품을 교환하는 형식으로 삶의 질을 개선해왔다. 과일과 물고기를 바꾸기도 했을 것이고, 쌀과 가죽을 바꾸기도 했을 것이다. 하지만 이러한 교환 행위에는 한계가 있을 수밖에 없었다. 빨리 썩어버리거나 부피가 큰 물건들은 교환도 어려울뿐더러 보관이 쉽지 않기 때문이다. 그래서 인류는 조개껍질과 같은 화폐를 사용하기 시작했다.

여기서 우리가 주의 깊게 봐야 하는 점은 조개껍질의 '가치 저장 기능'이다. 결론부터 말하자면 조개껍질에는 가치를 저장하는 기능이 거의 없다. 실제 옛사람들이 조개껍질을 화폐로 사용한 것도, 모양이 변하지 않고 이동할 때 보관이 용이한 형태였기 때문이다. 다시 말해, 인류의 1세대 화폐는 가치 저장의 기능보다 '교환 기능'에 중점을 두고 있었음을 알 수 있다. 여기에 좀 더 의미 부여를 하자면 화폐의 본질은 가치 저장 기능보다는 교환 기능의 성격이 더 강했다고 해석할 수도 있겠다.

가치 저장 기능이 있는, 우리가 쓰고 있는 돈과 좀 더 유사한 화폐의 모습은 메소포타미아 지방의 고대 왕국 리디아에서 만들어졌다. 일렉트럼 코인이라고 불린 이들의 화폐는 천연 금 75%와 은 25%를 섞어서 만든 합금 코인이었다. 화폐 크기는 콩의 크기와 비슷했으며, 금속의 비율과 무게를 인증하는 마크가 새겨졌다. 이 새로운 형태의 화폐는 국가의 통치를 위해 여러 방면으로 사용되었다. 국가는 단순 교환 기능을 넘어서 일정한 가치 저장 기능까지 갖춘 화폐를 생산·배포했고, 이를 독점해 막강한 권력을 행사했다.

지폐 형태의 화폐가 등장한 것은 그리 오래되지 않았다. 국가 간의 교류가 늘고 민간사업의 규모가 커지다 보니 코인을 사용하는 게 쉽지 않았다. 이러한 문제를 해결하기 위해 종이 지폐가 사용되기 시작했는데, 사실 형태만 다를 뿐 기존의 화폐와 크게 다르지 않았다.

기본적인 개념을 단순화해서 설명해보면, 미국의 화폐를 일정량의 금으로 바꿀 수 있도록 비율을 정하고, 다른 국가가 자국의 화폐를 미국의 화폐와 연동하는 방식으로 운영되었다. 예컨대, 1970년대까지 유지되었던 브레턴우즈 시스템의 경우 35달러를 중앙은행에 주면 금 1온스를 얻었다.

그러나 1950년대 이후 일본, 유럽 등의 추격으로 미국의 무역수지는 적자가 되었다. 이 같은 문제는 베트남전쟁을 겪으면서 더 심각해졌다. 주변국들은 경기가 좋아지면서 달러 보유고가 급속도로 증가했는데, 미국의 경우 금이 지속적으로 유출되며 달러 가치가 하향 곡선을 그리게 되었다. 미국은 늘어나는 재정 소요를 위해 금을 미처 채우지도 못한 상태에서 달러를 끊임없이 공급해야 했다. 미국은 결국 금본위제를 더 이상 유지할 수 없었다. 이후 세계 화폐 시장은 변동환율제로 운영되었다.

이를 통해 미국 정부는 무제한적인 발권력을 갖게 되었다. 더 이상 금 보유량에 신경 쓰지 않아도 되었으니 말이다. 금본위제가 막을 내린 이후 미국은 어마어마한 양의 달러를 찍어내 자국의 재정 적자를 해소해왔다. 이 같은 변화의 기회를 통해 소수의 기득권 세력은 다시 한 번 막대한 부를 챙겼지만, 그 부작용은 고스란히 다수의 국민이 짊어질 수밖에 없었다. 2008년 금융 위기 이후 국내외에서 양극화가 본격화된 것이 대표적인 예다.

자, 그럼 역사 공부는 이쯤하고 정리를 한번 해보자. 먼저 화폐의 역사가 우리에게 전달해주는 메시지는 분명하다.

1. 인류 최초의 화폐는 가치 저장 기능보다 교환 기능의 성격이 더 강했다.
2. 패권 국가(예를 들어 미국)가 무제한적인 발권력을 지닌 것은 얼마 되지 않은 일이며 이는 역사적으로 상당히 예외적인 사례로 엄청난 부작용을 야기했다.
3. 금본위제가 폐지되면서 미국의 달러는 불태환 화폐, 즉 금을 포함한 그 어떠한 실물로도 바꿔주지 않는 화폐가 되었다. 즉, 현재의 달러는 정부가 보증해주는 종이 쪼가리에 불과하다.

특히 우리는 3번 내용을 유의 깊게 살펴볼 필요가 있다. 현재의 달러는 1세대 화폐인 조개껍질과 매우 유사하다. 조개껍질은 그 자체만으로는 전혀 가치가 없다. 그저 '모양이 쉽게 변하지 않고 운반이 편해서' 사용했던 하나의 사물에 불과하다. 달러도 마찬가지다. 100달러(한화 약 10만 원)를 생산하는 비용은 10원 정도밖에 안 된다. 100달러가 가치를 가지는 것은, 다수의 시민이 그렇게 믿고 사용하기 때문이다. 다시 말해, 인류 최초의 화폐인 조개껍질과 현재 우리가 쓰고 있는 달러 화폐 모두 '가치 저장'의 기능보다 '교환'의 기능이 훨씬 더 강하다는 것이다.

따라서 암호화폐에도 교환의 기능이 개선된다면 충분히 화폐의 가치가 생길 수도 있다. 앞에서 언급했듯 국내외에서 암호화폐의 사용처가 빠르게 늘어나고 있다. 높은 가격 변동성에서도 이미 실제 거래에서 적지 않게 사용되고 있다. 리브라 · 테더와 같은 스테이블 코인의 등장도 시장의 패러다임을 변화시키고 있다. 게다가 암호화폐에는 기존 화폐에 없는 분명한 장점들이 있다. 앞에서 말했듯 위 · 변조가 불가능하며 거래 시간이 짧고 거래 비용이 적게 든다. 또한 무엇보다 기존의 화폐와 달리 중앙은행과 같은 중개자를 필요로 하지 않는다. 이를 통해 2번에서 파생되는 부작용까지 해결할 수 있는 것이다.

시간이 지나서 암호화폐의 가치까지 안정화된다면 교환 기능은 더욱더 활성화될 것이다. 지금은 가격 변동성이 높지만 장기적으로 보면 몇 차례 폭락과 폭등을 반복한 후 안정화 단계에 들어갈 것이다. 머지않은 미래에 암호화폐의 종류도 현격히 줄어들며, 살아남은 암호화폐는 글로벌 화폐의 역할을 할 것이다.

세계경제포럼(World Economic Forum)은 2020년에는 세계 GDP의 20%가 암호화폐로 거래될 것이라 주장한다. 암호화폐는 인류가 지금까지 사용해온 화폐에 비해 확실한 경쟁력을 갖고 있다. 특히 요즘같이 세상의 모든 것이 디지털화되는 시대에는 더더욱 그러하다.

자, 그럼 암호화폐는 경쟁력을 가질 수 있을 것인가? 필자의 답은 예스(Yes)다. 최종 판단은 물론 독자의 몫이다.

비트코인은 살아남고
대다수의 알트코인은 무너진다

사실 독자들이 가장 궁금해할 주제는 단연코 이것일 것이다. 지금 비트코인과 같은 암호화폐에 투자하는 것이 옳은 판단일지 말이다. 필자가 명확하게 "투자해라" "말아라"라고 왈가왈부하기는 어렵다. 특히 이 책에서는 더욱 그러하다. 최대한 객관적인 정보를 제공하는 데 포커스를 맞추었기 때문이다. 하지만 독자들이 가장 궁금해하는 주제인 만큼 세계적인 학자들의 목소리와 필자의 의견을 간단하게 정리해보고자 한다.

"나는 비트코인과 다른 암호화폐를 좋아하지 않는다."

도널드 트럼프 미국 대통령은 본인의 트위터를 통해 "나는 비트코인과 다른 암호화폐를 좋아하지 않으며" "페이스북의 리브라도 믿을 만한 기반이나 신뢰성이 거의 없을 것"이라고 말했다.

막강한 영향력을 가진 트럼프가 이런 글을 올리자 상당수의 블록체인·암호화폐 옹호론자들이 깊은 근심과 우려를 표명했다. 트럼프 대통령은 "미국은 세계 유일무이한 통화를 갖고 있으며 미국 달러는 신뢰할 수 있고 그 어느 때보다 막강하다"고 덧붙였다.

"비트코인은 재밌는 실험이긴 하지만, 결국 버블이다."

노벨경제학상 수상자인 예일대학교 로버트 실러(Robert Shiller) 교수는 비트코인을 두고 "완전히 붕괴될 것"이라고 말했다. 다른 자산 가치에도 어느 정도 거품이 존재하지만 비트코인에는 근본적으로 어떤 가치가 거품을 생성하고 있는지 알 수 없다고 주장한 것이다. 17세기 네덜란드에서 일어났던 튤립 파동을 언급하며 "튤립 파동이 어떤 결과를 낳았는지 주목해야 한다"라고 말했다. 17세기 튤립 파동 당시 튤립 한 송이 가격이 배 한 척 가격까지 올랐지만 이내 양파 하나 가격보다 못한 수준으로 폭락하며 엄청난 파동을 일으켰다. 한편 쉴러 교수는 "비트코인이 완전히 무너져 모두의 기억 속에서 사라질 수도 있지만 향후 100년, 아주 오랜 시간 동안 남아 있을 수도 있다"라고 덧붙였다.

"비트코인의 가치는 0원이다."

'닥터 둠', '파멸의 전문가'로 유명한 뉴욕대 누리엘 루비니(Nouriel Roubini) 교수는 "비트코인의 가격은 0원으로 떨어질 것이다"라고 말했다. 그는 "비트코인은 내재 가치 또는 교환 가치가 없다"며 비트코인의 전망을 최악으로 내다봤다. 2019년 진행된 블록체인 콘퍼런스에서는 "암호화폐는 화폐가 아니며 비효율성이 커서 물물 거래 시스템과 다를 바 없다"라고 말했다. 그는 클린턴 정부 경제 자문 위원을 지내며 2006년 9월에는 머지않아 미국 부동산 시장과 대형 은행에 큰 위기가 닥칠 것이라고 정확히 예언했고, 이는 2008년 세계 금융 위기로 나타났다. 그런 그가 비트코인에 대해서는 완강히 부정적 태도를 취하고 있다는 점은 주목할 만하다.

"비트코인의 가치의 적정 가치는 2만 달러다."

그렇다면 모든 전문가가 비트코인 같은 암호화폐의 전망을 부정적으로 내다보는 걸까? 답부터 말하자면 그렇지 않다. JP모건의 전 애널리스트이자 현 펀드스트래트 글로벌 어드바이저스의 대표를 맡고 있는 탐 리(Tom Lee)는 비트코인의 적정 가치는 약 2만 달러 수준이라고 주장했다. 그는 비트코인이 현금 대안으로 레이어 2 솔루션이 될 수 있다고 전망했다. 비트코인이 돈의 분산화를 믿는 사람들로부터 열렬한 지지를 받고 있으며, 채굴 해시레이트(Hashrate, 채굴 난이도) 등을 고려했을 때 여전히 저평가되어 있다고 주장했다(2019년 10월 기준). 수많은 하락장에서 살아남은 비트코인이 이미 유용성을 여러 번 증명했다고 덧붙이며 최근 이어진 암호화폐 시장의 가격 하락을 두둔하기도 했다.

"비트코인이 사기라 말한 것을 후회한다."

암호화폐에 대한 긍정적인 의견을 개진한 또 다른 전문가가 있다. 바로 암호화폐를 두고 '사기'라고까지 언급했던 JP모건 최고 경영자 제이미 다이먼이 그 주인공이다. JP모건은 최근 비트코인 같은 암호화폐에 대한 전문적인 분석 자료를 출간했다. 71쪽에 달하는 이 자료는 JP모건 전문가들이 현 암호화폐 시장에 대한 다양한 해석과 통찰을 담은 것으로, 암호화폐의 기술력, 적용 범위, 한계점 등이 기술되어 있다. 자료에는 "암호화폐는 탈중앙화와 지방 분권화, 익명성, P2P 네트워크를 바라는 사용자들에게 다양한 형태로 손쉽게 살아남을 수 있다"고 쓰였고, "암호화폐는 지난 몇 년간의 높은 수익성과 주요 자산군과의 낮은 상관성으로 인해 글로벌 채권이나 주식 포트폴리오를 다변화할 잠재력을 갖췄다"라고도 기술했다. 불과 몇 개월 전 "암호화폐는 사기"라고 언급했던 것과 매우 상반된 진술이다. 실제 JP모건은 2019년 금융회사 최초로 자체 암호화폐인 'JPM 코인'을 공개했다. 다이먼 회장은 JPM 코인이 은행 내부적인 용도로 시작하지만, 궁극적으로는 일반 사용자들까지도 사용하게 될 것이라고 주장했다.

지금까지 암호화폐(특히 비트코인)의 투자 가치에 대해 언급한 전문가들의 인터뷰들을 살펴보았다. 암호화폐에 대해 부정적으로 전망한 전문가도 있고 긍정적으로 내다본 전문가도 있다.

다음은 필자의 의견이다. 〈오마이스쿨〉 등에서 진행한 강의 내용들을 요약해서 정리했다. 중요한 점은 최종 판단은 바로 독자들에게 달려 있다는 것이다. 어떤 선택이든 현명한 판단을 하길 바란다.

일단 결론부터 얘기해보자. 필자는 비트코인은 살아남을 것으로 본다. 하지만 현존하는 알트코인은 대부분 살아남지 못할 것이다.

암호화폐는 블록체인에서 파생된 하나의 애플리케이션임에도 불구하고, 여전히 다수의 대중은 '블록체인=암호화폐' 혹은 '블록체인=비트코인'으로 인식하고 있다. 이해는 된다. 필자 역시 어린 시절에만 해도 이메일은 곧 인터넷이고, 인터넷이 곧 이메일이었다. 직접적인 비교는 어렵지만 상당히 유사한 상황이라고 볼 수 있겠다.

각설하고 비트코인의 향후 움직임에 대해 얘기해보자. 비트코인 가격을 결정짓는 가장 핵심적인 본질은 무엇일까? 흔히들 기술력에 대해서 제일 먼저 얘기하지만 필자의 생각은 다르다. 어려운 문제일수록 단순하게 생각해야 한다. 비트코인의 가장 중요한 본질은 바로 '그 가격에 비트코인을 사는 사람들이 있다는 것'이다.

우리는 2018년 초 2,600만 원을 돌파한 비트코인을 경험한 바 있다. 이때 과연 비트코인의 기반 기술에 대해서 정확히 이해하고 있는 사람들이 몇 명이나 있었을까? 극소수에 불과할 것이다. 이는 비단 일반인들만을 얘기하는 것이 아니다. 블록체인 업계에 종사하는 이들 중에서도 기술에 대한 정확한 이해를 하고 있는 이들은 많지 않았다. 필자는 출판 이후에 다양한 업계 관계자들을 만날 수 있었는데, 비트코인의 탄생 배경이나 채굴 절차, 보상 과정 등에 대해서 정확히 이해하고 있는 분들은 확연히 적었다. 다시 말해, 기술의 완성도를 떠나 명확한 상승 모멘텀이 있다면 시장이 반등할 여지는 분명히 있다는 것이다. 펀더멘털 없는 상승은 결국 버블일 수 있겠으나, 투자의 관점에서 접근한 것이니 참고하길 바란다.

그렇다면 향후 비트코인 및 암호화폐 시장의 상승 동력으로는 무엇이 있을까? 바로 기관투자자다. 2018년 초 비트코인 상승을 이끌 당시 전통적인 기관들의 역할은 미미했다. 하지만 지금은 얘기가 조금 다르다. 미국 금융 기관들은 이미 착실한 준비를 하고 있다. SEC(미국의 증권거래위원회)의 입장 선회로 인해 시너지 효과 발생도 기대된다. 지난 2017년 12월 비트코인 선물이 출시됐고, 비트코인 ETF(Exchange Traded Fund) 상장은 디지털 자산 시장의 2막을 열 것이라는 기대감도 크다. 더불어 디지털 자산의 상품 출시에 활력을 불어넣을 새로운 플레이어가 나타났다. 바로 백트(Bakkt)다. 백트는 뉴욕증권거래소(NYSE)를 소유하고 있는 세계 최대 거래소 그룹인 ICE가 2019년 초 설립한 디지털 자산의 거래, 저장 및 결제를 위한 플랫폼이다. 백트는 침체된 디지털 자산시장의 상승세를 이끌어갈 촉매제로 시장의 기대를 한몸에 받고 있다.

백트는 규제 문제로 약 1년 동안 지연되었지만, 2019년 9월 23일 0시부터(세계 표준시 기준) 거래를 시작했다. 2019년 8월 뉴욕금융서비스국(New York Department of Financial Services, NYDFS)으로부터 신탁 사업자 라이선스를 승인받았다. 백트에서는 실물 비트코인을 주고받는 '실물 인수도 결제 방식'이 사용된다. 예컨대 선물 거래의 계약이 만료되면 법정화폐 대신 비트코인을 직접 주고받는다. 미국 시카고상품거래소 등에서 비트코인 선물 거래를 제공했지만, 이들은 모두 법정화폐로 결제하는 구조였다. 따라서 백트 플랫폼의 등장은 기관투자자의 적극적인 참여를 유도하고 비트코인의 수요를 높일 것으로 예상된다.

반면, 앞서 언급했듯이 알트코인(Altcoin)은 중장기적으로 기회가 거의 없을 것으로 보인다. 애초에 알트코인은 큰 수요를 확보한다는 전제로 운영되는 경우가 많았고, 이를 달성하기 위해서는 방대한 양의 자금·인력·시간을 필요로 한다. 스타트업과 같이 작은 기업들에게는 버겁다는 뜻이다. 필자는 지금까지 많은 백서를 읽어봤지만 성공적으로 구현이 가능할 것 같은 프로젝트는 극소수에 불과했다. 기술적으로 실현이 불가능한 내용들이 많았으나 블록체인이 마치 만병통치약인 것처럼 포장되는 경우가 비일비재했다. 대형 기관 혹은 대규모 자본에 의해 뒷받침되는 알트코인은 생존 확률이 '상대적'으로 높겠지만, 대다수의 알트코인은 존폐 기로에 설 수밖에 없을 것이다.

프라이빗 블록체인(Private Blockchain)을 무시하지 말아라

비트코인, 이더리움, 리브라의 사례를 보면 '암호화폐=블록체인'이 아닌가 하는 생각을 지울 수 없다. 실제 2017년 12월 JTBC에서 관련 주제로 유시민 작가와 정재승 교수의 토론이 진행되었다. 여러 가지 의견이 오갔지만 결국 핵심은 아래 질문으로 압축된다.

"암호화폐와 블록체인을 분리할 수 있는가?"

유시민 작가는 암호화폐와 블록체인은 구분할 수 있고 그렇게 해야만 한다는 입장이다. 필자 역시 암호화폐의 핵심은 블록체인이라는 의견에는 동의한다. 기술적으로도 일단 암호화폐와 블록체인은 구분할 수 있다. 하지만 여기에는 전제가 붙는다. 바로 유시민 작가의 주장은 프라이빗(private) 블록체인에만 적용된다는 점이다.

블록체인은 크게 개방형인 퍼블릭(Public) 블록체인과 폐쇄형인 프라이빗 블록체인으로 구분된다. 단순하게 생각하면 퍼블릭 블록체인은 서로 '모르는' 참여자들이, 프라이빗 블록체인은 서로 '아는' 참여자들이 시스템을 구성한 것이다. 따라서 서로 아는 사람들이 모여서 만든 프라이빗 블록체인의 경우 암호화폐라는 '인센티브'가 꼭 필요하지는 않다. 이들의 이해관계가 같거나 유사하기 때문이다.

하지만 누구나 참여할 수 있는 퍼블릭 블록체인으로 넘어가면 얘기가 달라진다. 이곳에서는 참여자들의 이해관계가 같거나 유사하다는 보장이 없다. 서로 알지 못하기 때문에 누가 네트워크에 해를 끼칠 것인지 파악할 수도 없다. 따라서 이들이 자발적으로 시스템을 구동시키게 하기 위해서는 암호화폐라는 금전적인 인센티브가 필요하다. 따라서 암호화폐와 블록체인을 철저하게 구분하자는 유시민 작가의 의견은 인터넷과 유사한 퍼블릭 블록체인을 포기하고, 인트라넷과 유사한 프라이빗 블록체인에만 집중하자는 말로 해석될 수 있다. 그렇다고 해서 퍼블릭 블록체인이 프라이빗 블록체인보다 더 우월하다는 뜻으로 해석해서는 안 된다.

인트라넷이 그러하듯 프라이빗 블록체인은 그 나름의 활용도가 높다. 대표적인 예로 IBM과 중국 월마트(Walmart)가 진행한 프로젝트를 예로 들 수 있다. 중국은 오염된 음식으로 문제가 심각하다. 얼마 전에는 중국 최대 규모의 가공 돈육 제조사가 불법적인 사료 첨가물을 사용해 제품을 오염시킨 것이 적발되었다. 중국 월마트는 프라이빗 블록체인을 통해 이 같은 문제를 해결했다. IBM이 제시한 솔루션을 기반으로 돼지고기의

	퍼블릭 블록체인	프라이빗 블록체인
읽기 권한	누구나 가능	허가된 기관 및 이용자
기록의 생성 권한	누구나 생성	허가된 기관 및 이용자
기록의 검증 권한	누구나 참여하면 검증	허가된 기관 및 이용자
참여자 권한 구분	불가	특정 기관만 권한 부여 가능
법적 구속력	상대적으로 자유로움	기존 법규 준수
탈중앙화	○	×
분산화	○	○
처리 속도	약 1~10분	실시간 기반
예시	비트코인, 이더리움 등	기업형 블록체인 및 컨소시엄 등

▲ 퍼블릭 vs 프라이빗 블록체인 비교 (출처: steemit)

유통 경로를 블록체인화해서, 특정 제품이 어느 단계에서 오염되는지 추적할 수 있는 시스템을 구축했다.

월마트는 이 같은 방법을 통해 음식 유통 공급망의 정확성과 안전성을 훼손시키는 기존 검사 시스템의 문제점을 보완했다. 예컨대, 기존에는 돼지고기에 문제가 발생하면 수백 명의 조사관이 2주가량 조사를 해야만 돼지고기의 유통 경로를 추적할 수 있었다. 하지만 블록체인을 도입해 실험해본 결과, 월마트와 IBM은 이 모든 과정을 단 몇 초 만에 파악했다. 월마트는 이를 통해 사고 발생 시 빠르게 원인을 규명해 대응함으로써 잠재적 비용을 절감하는 효과를 볼 수 있었다.

국내에도 유사한 사례들이 만들어지고 있다. 대표적인 스타트업으로

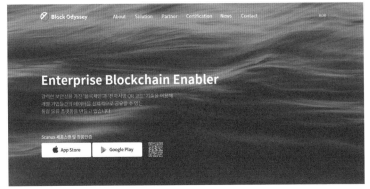

▲ 블록오디세이 홈페이지

는 포항공대·카이스트 출신의 연창학 대표가 이끄는 '블록오디세이'가 있다.

블록오디세이는 프라이빗 블록체인 기반의 정품 인증 솔루션을 제공하고 있다. 기본적인 방식은 유통 과정을 블록체인에 올려 이를 기반으로 정품 인증을 진행한다. 물품마다 유니크한 값을 가진 QR 코드를 암호화 및 전자 서명하여 부착하고, 박스에는 해당 물품들의 정보를 담은 QR 코드를 부착한다. 이동 경로상에서 박스 QR 코드 인식을 통해 개별 제품의 유통 경로를 확인하고 이를 블록체인에 저장한다. 소비자들은 제품 QR 코드 인식을 통해서 제품의 이동 경로 및 생산 정보 등을 확인하여 정품 인증을 진행하는 솔루션이다. 블록체인에 데이터를 저장함으로써 유통, 물류 과정에서 생기는 기업 간의 데이터 부정합과 비신뢰 문제를 해결할 수 있다. 소비자가 제품을 구매한 이력도 블록체인에 저장되어 추후 제품 이상 시 AS나 교환 등에 활용할 수 있다. 이를 통해 기업들은 브랜드 신뢰도와 고객 데이터를 확보할 수 있다. 현재는 유통 정보 외에도 구매 인증 정보, 스캔 정보 등을 결합하여 보안성과 편의성을 증대하고 있다.

연창학 블록오디세이 대표는 "프라이빗 블록체인은 불필요한 리소스(resource)를 줄일 수 있고, 각종 거버넌스(governance)에 유동적으로 대응하기 편하다"라고 말한다.

데이터를 쓸 수 있는 권한을 지정해놓았기 때문에 채굴자를 선정해야 하는 불필요한 과정이 생략된다. 이 과정에서 소모되는 막대한 전력 등의 리소스를 아낄 수 있을 뿐만 아니라, 이 리소스를 보상하기 위한 토큰도 필요하지 않다. 많은 퍼블릭 블록체인은 토큰 가격 방어라는 절대적인 이슈로 인해 그들이 풀고자 했던 문제에 집중하기 어렵다. 문제 해결을 위해 필요한 곳에 자금을 사용하기보다는 암호화폐 가격을 올리기 위해 다양한 마케팅 활동을 영위하며 소중한 자금을 소모하는 경우가 많다. 프라이빗 블록체인은 리소스 낭비를 최소화하고, 원래 풀고자 했던 문제에 집중할 수 있다는 장점이 있다. 블록체인 자체의 속도(TPS)뿐 아니라 해결하고자 하는 프로젝트의 진행 속도도 훨씬 빠르며, 암호화폐와 관련된 다양한 규제에서 자유롭다.

많은 사람은 탈중앙화가 약하다는 측면으로 프라이빗 블록체인을 공격한다. 단순한 분산 데이터베이스와 다른 점이 분명치 않다는 사실로도 공격을 많이 한다. 하지만 블록오디세이의 생각은 다르다.

연 대표와 같은 업계의 리더들은 글로벌 시대에 맞추어 현재 기업들이 국내 기업들뿐 아니라 전 세계 다양한 기업, 정부 부처 등 이해당사자들끼리 정보를 공유하거나 같은 서비스를 활용해야 한다고 믿는다. 하지만 이런 과정 속에서 이해관계자들은 다음과 같은 문제에 맞닥뜨리게 된다. "누가 만들 것인가? 누가 운영하고, 누가 관리할 것인가? 누가 그 비용을 지불할 것인가?' 저 기업을 어떻게 믿을 수 있는가? 내가 가진 정보를 어떻게 제한적으로 공유할 것인가?"

이러한 측면에서 블록체인 기술은 어마어마한 강점을 보인다. 기술의 목적 자체가 '서로 믿을 수 없는 이해 당사자 간의 분산 원장'을 구축하는 것이기 때문이다. 블록오디세이는 탈중앙화를 어느 한 기업의 횡포에 맞서 일반 사용자끼리 시스템을 구축하고 이용하는 것이 아니라, 기업 간 그리고 서비스 간의 연계 의미에 더 초점을 맞추고 있다.

물론 기존의 기술들로도 이러한 가치를 실현할 수는 있다. 그러나 연대표는 "블록체인 기술을 활용하면 훨씬 쉽게 구현이 가능하다"라고 말한다. 쉽다는 것은 비용과 효율성 측면에서 큰 이점을 얻을 수 있다는 것을 의미하고, 거기에 더해 블록체인을 활용한 서비스와 그 서비스에서 제공하는 정보, 서비스에 참여하는 다수에 대한 신뢰성도 확보할 수 있다.

이미 글로벌 회사들은 다수의 프로젝트를 진행해 프라이빗 블록체인의 쓰임새를 검증해왔다. 이런 트렌드는 2020년에도 이어질 것이다. 국내에서도 블록오디세이를 비롯한 여러 업체들이 산업 발전에 의미 있는 기여를 할 것으로 예상된다.

전문가 인터뷰 ━━━━━━━━━━━━━ INTERVIEW

블록체인 스타트업 '블록오디세이'
대표 **연창학**

현 블록체인 스타트업 블록오디세이(Block Odyssey) 대표
KAIST 창업융합전문 석사
POSTECH 산업공학과 학사

유통업 및 제조업의 미래에 있어
프라이빗 블록체인이 할 수 있는 역할은 무엇이 있을까요?

'신뢰성'이 핵심입니다. 기본적으로 유통업과 제조업에서는 하나
의 플레이어가 모든 것을 진행하지 못합니다. 말단 원자재에서부
터 고객에 이르기까지 수많은 과정을 거쳐야 합니다. 일례로, 중국
에서는 제약회사에서부터 최종 병원에 이르기까지 최대 5~7개의
도매상(wholesaler)을 거칩니다. 이 과정에서 얽혀 있는 수많은
정보는 과연 어떻게 추출할 수 있고, 어떻게 믿을 수 있을까요?
이를 해결하기 위해 현재는 '법적 구속력이 있는 문서'가 활용되고
있습니다. 현재 한 번의 해상운송 진행 시 30개의 기관 승인 과정
과 최대 200회의 의사소통 과정이 필요하며, 무역 관련 서류 처리

비용은 해상 운송 비용의 5분의 1을 차지하고 있습니다. '신뢰'를 위해 이렇게 힘든 노력을 쏟고 있지만, 거짓 사업자들이 서류를 위조하여 기만하는 사기 행위가 빈번하게 일어나며 물류 산업을 어지럽히고 있습니다.

블록체인을 활용한다면 모든 정보를 투명하고 안전하게 관리할 수 있을 뿐 아니라, 스마트 계약(Smart Contract)을 활용하여 각종 사기 행위를 획기적으로 감소시키며 각종 시스템에서 발생하는 지연을 해소할 수 있습니다. WTO의 연구에 따르면 블록체인을 통해 전 세계 GDP의 5%, 전체 무역량의 15%가 증대될 것이라고 예상됩니다. (거래 투명화로 각종 사기 및 오류 감소, 디지털화에 따른 서류 작업 시간 감소, 종이 등 물리적 비용 감소 등)

위 업계를 넘어 거시적인 시각에서
프라이빗 블록체인이 어떻게 세상을 바꿀 수 있을까요?

물론 많은 퍼블릭 블록체인도 이바지하겠지만, 프라이빗 블록체인을 통해 새로운 세상의 '안전장치'를 마련해야 합니다. 4차 산업혁명의 여러 기술이 가져올 부작용에 대한 안전장치입니다. 새로운 기술들은 '정보'에 집중합니다. 내 개인 정보, 내 행위에 대한 정보, 내 취향에 대한 정보 등 개인의 정보가 모여서 거대한 자산이 되고 있습니다. 이 정보를 획득하기 위해 IoT 기술이 발전하고 있으며, 수많은 정보를 더 잘 가공하기 위해 AI 산업이 주목받고 있는 것입니다. 그러나 그 속에 이 정보를 제공했던 '나'의 관점이 사라졌습니다.

저는 블록체인이 제공할 안전장치는 두 가지라고 봅니다.
첫 번째는 신뢰성입니다. '내가 그렇게 제공한 정보는 과연 안전하게 이용될 것인가? 그 정보들이 위·변조되지 않고 온전히 이용될 수 있으며, 내가 동의한 곳에서만 활용될 수 있을 것인가?'라는 질문에 대한 답을 블록체인이 제공해줄 수 있습니다. 물론 블록체인이 만능은 아닙니다. 기존의 모든 보안을 불필요하게 만들 만큼 블록체인은 위대하지 않습니다. 그러나 기존의 중앙 집권적인 시스템이 취약했던 부분, 특히 데이터의 위·변조, 이중 지불에 대한 부분을 블록체인이 해결해줄 수 있습니다.
두 번째는 '보상'입니다. 우리는 살아가면서 굉장히 불규칙적이고 불특정적인 정보를 생성하게 됩니다.
"나는 내일 무엇을 먹고, 어떤 옷을 입고, 어떤 길을 걷고, 무엇을 보고 듣고, 어떤 생각을 하게 될까?"
이런 정보들은 개개인으로 보면 큰 의미가 없지만 모이면 엄청난 힘을 가집니다. 가까이서 보면 불규칙적이지만 멀리서 보면 어떠한 패턴을 가지기 때문입니다. 이러한 사소한 정보가 모이고 쌓이며 지금의 AI를 만들어나가고 있습니다. 그런데 문제는 이런 귀중한 정보를 생성한 '나'는 지금까지 아무런 보상을 받지 못했습니다. 페이스북, 구글은 우리의 정보를 통해 엄청난 돈을 벌고 있지만, 우리는 그저 그들이 제공하는 서비스를 사용했다는 만족감으로 우리의 귀중한 자산을 상납하고 있습니다. 블록체인의 탈중앙화는 정보를 제공해준 사람들에게 보상을 제공할 수 있는 시스템을 만들기 편리합니다. 만약 블록체인으로 만들어져 정보를 생산하고 제공했던 여러분에게 충분한 보상을 할 수 있는, 예를 들면 '스팀잇' 같은 보상형 SNS 서비스가 충분히 대중화되었다고 생각해봅시다. 그때에도 페이스북이 남아 있을까요? 그렇지 않을 것입니다. 세상은 점점 대부분의 서비스를 블록체인으로 탈중앙화시킬 것입니다. 설령 그렇지 않더라도 그런 탈중앙화된 서비스와 경쟁하기 위해 기업들은 여러분에게 정보에 대한 보상을 제공하고자 노력할 것입니다. 정보를 허투루 취득하고 사용하지 않게 될 것입니다. 이를 통해 블록체인은 안전장치로서 성장해나갈 것입니다.

프라이빗 블록체인도 충분히 토큰 혹은 기타 방식으로 보상을 제공할 수 있습니다. 데이터를 운영하는 권리는 기업들에게 맡겨두고, 그들이 사용하는 데이터의 보상을 우리는 프라이빗 블록체인 형태로도 충분히 만들 수 있습니다. 많은 사람은 진정한 의미의 탈중앙화를 위해 퍼블릭 형태의 프로젝트를 진행해야 한다고 말합니다. 하지만 저는 솔루션을 계속 발전시키기 위해서는 하나의 주도적인 단체가 필요하다고 생각합니다. 해당 단체는 퍼블릭으로 솔루션을 구현하는 것보다 프라이빗으로 구현하는 것이 훨씬 쉽고 운영하기에도 편리합니다. 작은 기능 하나하나를 업데이트할 때마다 수없이 많은 퍼블릭 노드들의 동의를 구해야 한다면, 그건 너무나도 끔찍한 일입니다. 예를 들어, 많은 토큰 이코노

미스트(Token Economist)들이 우버(Uber)의 탈중앙화 버전인 D-Uber가 나오면 우버가 망할 것이라고 하지만, 많은 지휘관이 이끄는 서비스는 하나의 중앙적인 서비스보다 효율적으로 개선되기 어렵습니다. 반대로 우버는 프라이빗 블록체인을 활용하여 서비스는 본인들이 주도하고, 데이터와 보상 체계만 블록체인을 통해 투명하게 제공해줄 수 있습니다. 이러한 측면에서 탈중앙화 서비스도 프라이빗 블록체인이 활용될 수 있는 여지가 많다고 생각합니다.

블록체인을 공부해보고 싶은 사람들에게
해주실 수 있는 조언이 있으신가요?

개발 측면에서는 빠른 습득력과 의지가 가장 중요해 보입니다. 날마다 새로운 기술과 용어가 나오고 있으며, 잘 정리된 국내 자료는 많지 않습니다. 특히, 프라이빗 블록체인 쪽은 더더욱 그러한 것 같습니다. 기술 원문을 보고 습득하는 것은 굉장히 지루하고 힘든 일이지만, 세상을 바꿀 수 있다는 믿음으로 열심히 공부하다 보면 좋은 블록체인 개발자로 성장해 있으리라 생각합니다.

블록체인 비즈니스에 대해서 공부하고 싶으신 분들은 가장 먼저 각 블록체인 플랫폼의 성격을 이해하는 것이 중요하고, 그다음으로 해당 플랫폼으로 어떤 문제를 해결할 수 있는지를 찾는 것이 중요합니다. 블록체인은 모든 기술을 해결할 수 있는 만능 기술이 아닙니다. 현재 나와 있는 다양한 블록체인 플랫폼은 각 플랫폼의 성격, 합의 알고리즘 방식 등에 따라 특정 문제의 해결에 적합하도록 설계되어 있습니다.

현재 많은 ICO 프로젝트가 잘되지 않고 있는 문제가 여기에 있다고 생각합니다. 그들 대부분은 일단 문제 정의에 실패하였고, 해당 문제는 블록체인으로 해결할 이유가 없거나 해결하기 힘든 문제이거나 혹은 올바른 플랫폼을 선정하지 못한 경우가 많습니다. 역으로 생각한다면, 올바르게 문제를 정의하고, 해당 문제가 블록체인으로 해결해야 하는지를 판단해보고, 어떤 블록체인 플랫폼을 사용하는 것이 좋을지를 알 수 있다면 좋은 블록체인 비즈니스를 할 수 있다고 생각합니다.

블록체인 회사의 대표로서
가지고 계신 비전이 있다면요?

블록체인이라는 새로운 기술 흐름 속에서 많은 서비스가 생겨나고 있지만, 대부분의 블록체인 서비스는 ICO 기반의 토큰 이코노미를 수반한 퍼블릭 블록체인 서비스 혹은 암호화폐 거래소뿐입니다. 신뢰를 보증하기 위한 기술인 블록체인은 암호화폐, 중앙화 거래소 해킹 등의 이슈로 대중의 신뢰를 잃고 있습니다. 기술이 세상을 변화시킬 수 있다고 믿지만, 일반 대중들이 그 기술을 지지해주어야만 더욱 긍정적이고 옳은 방향으로 빠르게 변화할 수 있다고 믿습니다.

저희는 블록체인을 통한 신뢰를 구현해드리고 싶습니다. 블록체인 기술은 이제 암호화폐 속 존재를 넘어 응용 분야를 찾아 나가야 한다고 생각합니다. 저희는 탈중앙화, 스마트 계약과 같은 블록체인 기술의 가치를 기반으로 한 솔루션 공급을 통해 세상을 긍정적으로 변화시킬 것입니다. 위조 물품 방지로 시작한 저희의 첫 번째 사업에 안주하지 않고, 블록체인 기술을 응용하는 다양한 솔루션들을 확대 공급하여 세상을 조금 더 깨끗하게 만들고 싶습니다.

STO(Security Token Offering), 인내심이 필요하다

2017년 암호화폐를 활용한 자금 조달 방식, 이른바 암호화폐 공개(ICO, Initial Coin Offering)가 시장에 새로운 패러다임을 제시했다. 말 그대로 ICO '붐'이 일어났다. 2018년에는 글로벌 모바일 메신저 업체 텔레그램(Telegram)이 ICO를 통해 무려 9,000억 원에 이르는 자금을 확보했고, 블록체인 스타트업 테조스(Tezos)는 2017년 2,500억여 원을 조달했다.

하지만 ICO에는 명확한 단점이 존재한다. 자금 조달 당시 제시했던 계획이 이행되지 않아도 투자금을 회수할 수 있는 규정이 없어 위험성이 높다. IPO와 달리 제공되는 정보가 제한적이기 때문에 프로젝트의 가치를 평가하기도 어렵다. 리스크는 높지만 담보할 수 있는 실물 자산도 없다.

이 같은 문제점들을 보완하며 ICO의 대안으로 제시된 새로운 자금 조달 방법이 있다. 바로 증권형토큰발행(Security Token Offering, STO)이다.

STO란 암호화폐로 자산을 증권화하는 개념이다. 예컨대, 수백억 원대의 미술품 혹은 수천억 원대의 부동산 등을 코인으로 나눠서 여러 명이 투자하고, 관련 소유권 및 투자 내역은 블록체인을 통해 저장·관리하는 방식이다. 실제로 2018년 11월에는 뉴욕 맨해튼에 위치한 400억 원대 고급 아파트도 STO를 통해 판매되었다. 다만 해당 거래는 SEC의 규제에 따라 적격 투자자들에게만 거래의 기회가 제공되었다.

STO의 경우 ICO와 달리 실물 자산이 담보로 연결되어 있다. 앞서 언급한 예시에서는 부동산과 미술품이 각각 발행한 토큰의 담보 역할을 하게 된다. 이를 통해 투자자들은 리스크를 줄이고 안정성을 제고할 수 있다. 하지만 STO 역시 암호화폐를 발행해야만 하므로 근본적인 위험을 제거한다고 보기는 어렵다.

실제 STO에 대해서는 업계 관계자들이 과도한 기대를 하고 있는 것 같다. 기본적으로 STO는 증권이다. 따라서 증권사가 아니면 취급하기 어렵다. 다시 말해 STO 시장이 열린다고 해서 ICO 때처럼 일반 대중이 쉽게 참여할 수 있는 구조가 아니라는 뜻이다. STO의 주체는 각국의 증권법에 따라 관련 규제들을 준수해야 하고, 증권형 토큰(Security Token)을 거래하는 거래소는 증권거래를 중개할 수 있는 자격을 가져야 한다. 따라서 일반적인 암호화폐 거래소보다 훨씬 더 엄격한 KYC(본인확인) 절차, 자금 출처 확인 작업 등이 진행될 것이다.

STO가 대중화되기 전까지 발행사들의 적극적인 참여를 기대하기는 어려워 보인다. 기존 증권과 비슷한 수준으로 발행이 어려워지면 브로커들이 시장에 들어올 이유가 줄어든다는 뜻이다. 따라서 초기에는 전통 시장에서 취급이 어렵거나 상대적으로 위험도가 높은 자산을 중심으로 거래가 이루어질 확률이 높다. 토큰 거래 가격이 전통 시장 대비 높은 가격에 형성되지 않는 한 이런 패턴을 반복하면서 자리를 잡아 갈 것으로 보인다.

물론 STO는 부동산과 같이 유동화(liquidate)가 어려웠던 자산의 유동성을 높일 수 있다는 장점이 있다. 작은 스타트업 입장에서는 일반 증권보다 토큰을 상장하는 것이 상대적으로 용이할 것이다. 더불어 STO는 담보 재산이 있고 배당이 이루어지기 때문에 일반 유틸리티 토큰보다 가치 산정이 수월하다. 가치 산정이 가능해진다는 뜻은 '펀더멘털(Fundamental)'이 생긴다는 뜻이고, 가치의 기준이 생기므로 조금 더 합리적인 시장이 형성될 확률이 높아진다.

국내 대표적인 블록체인 스타트업인 체인파트너스의 표철민 대표는 본인의 블로그를 통해 STO를 아래와 같이 설명했다.

"STO는 마치 블록체인과 같습니다. 블록체인을 붙이면 뭐든 좋아 보이고 새로워 보이는 것과 같이, 시들해진 암호화폐에 활력을 불어넣을 황금 카드가 바로 STO로 보입니다. 그러나 결코 ICO 때의 착각과 피해를 되풀이하면 안 됩니다. STO는 생각보다 쉽지 않고 초기 착시를 넘어 건전하게 대중화되는 데 아주 오랜 시간이 걸릴 겁니다."

필자는 STO의 실효성에 대해 논하기는 아직 이르다고 본다. 하지만 STO는 분명 전통적인 자금 조달 방법의 문제점에 대한 신선한 대안책을 제시했다. 먼저, 블록체인이라는 기반 기술을 통해 수수료를 줄이고 거래의 투명성을 제고한다. 좋은 해외 투자 상품에 대한 접근성을 올려주고,

기존의 복잡한 종이 계약을 개선하는 등 전통적인 시스템의 단점을 보완한다는 의미가 있다.

한국의 경우 규제 기관에 의해 암호화폐에 대한 부정적 인식이 팽배해져서 STO에 대한 건설적인 대화를 하기 어려운 상황이다. 일단 1차적으로 STO를 현행법 체계에서 어떻게 적용할 수 있는지에 대한 논의가 필요하다. 업계가 풀어야 하는 숙제도 있지만, 정부가 풀어줘야 하는 영역도 존재한다. 아직 기회는 있다.

블록체인은 정부나 공공 영역에서 어떻게 활용될 수 있는가

블록체인은 인터넷과 같은 하나의 거대한 기반 기술이다. 새로운 기반 기술을 구축하기 위해서는 방대한 양의 인력(labor), 자금(capital), 시간(time)이 필요하다. 작은 스타트업들이 A부터 Z까지 주도할 수 있는 구조가 아니다. 따라서 블록체인이 인터넷과 같이 대중화되기 위해서는 정부 기관의 참여가 필연적이다.

일반적으로 정부 기관은 각각의 목적 사업이 있고 기본적인 수입이 보장되기 때문에 혁신 동력이 상대적으로 적은 것이 사실이다. 그럼에도 블록체인이 인류의 삶을 드라마틱하게 바꿀 수 있는 가능성과 잠재력이 있다는 공감대가 주요 국가들 사이에서 빠른 속도로 형성되고 있다. 에스토니아, 아랍에미리트, 싱가포르, 미국, 영국, 중국 등에서 적극적으로 블록체인 프로젝트를 진행 중이며, 경제협력개발기구(OECD) 및 유럽연합

(EU)[17] 과 같은 국제기구들이 공식적으로 블록체인 조직을 설립했다. 아래는 블록체인 기술을 도입한 해외 국가들의 주요 사례다.

에스토니아

북유럽에 위치한 인구 130만 명의 작은 나라인 에스토니아는 블록체인 기술 선도 국가 중 하나다. 에스토니아는 2007년 디도스(DDoS) 공격으로 중앙 정부 기관들이 2주간 마비되는 사건을 경험한 이후, 블록체인 도입을 본격적으로 검토하기 시작했다. 2008년부터 블록체인 기술을 시험 운영했고, 2012년에 들어서는 보건·사법·입법·안보 등의 분야에 블록체인 기술을 도입했다. 에스토니아는 블록체인을 적용하여 사회적인 신뢰를 높였고 국가 시스템 전체를 디지털화하여 GDP 대비 약 2%에 달하는 비용을 절약하고 있다.

에스토니아 정부는 국민들에게 'e-Estonia'라는 블록체인 기반의 디지털 ID를 발급한다. 겉보기에는 일반 신용카드와 크게 달라 보이지 않는다. 하지만 해당 ID 카드에 내장된 IC칩에는 블록체인 암호화 기술이 적용되어 데이터의 해킹 및 위·변조를 방지한다. 에스토니아 시민들은 이 ID카드 하나로 1,500여 개의 행정 업무를 온라인상에서 처리할 수 있다. 결혼, 이혼, 부동산 거래 정도를 제외한 대부분의 공공 서비스가 디지털 ID를 통해 이루어진다.

---

17 OECD는 블록체인 정책센터(OECD Blockchain Policy Center)를 EU는 블록체인포럼(European Union Blockchain Observatory&Forum)을 운영 중이다. 해당 조직에서는 블록체인 기술을 연구하고 이를 정책에 적용할 수 있는 방법을 찾고 있다.

대표적인 예로는 '의료 기록'과 '투표'가 있다. 에스토니아 보건당국은 모든 환자의 의료 데이터를 블록체인에 기록하는 프로젝트를 진행했다. 이를 통해 전자주민번호만 있으면 과거 병력을 안전하게 조회할 수 있게 되었다. 예컨대, 에스토니아 시민이 응급실에 가게 될 경우 병원 측은 불필요한 검사를 생략하고 환자의 의료 데이터를 빠르게 조회할 수 있다. 이를 기반으로 환자가 증상을 보이는 질병에 전문성이 있는 의사를 효율적으로 배치할 수 있다. 1분 1초가 아쉬운 응급 상황에서 골든타임을 놓치는 상황을 방지할 수 있는 것이다. 의료 보험은 온라인으로 처리되고, 처방전은 디지털 파일로 제공된다. 덕분에 에스토니아 병원 전체의 평균 대기 시간이 이전과 비교하여 약 3분의 1 수준으로 줄어들었다.

　또 다른 케이스는 블록체인 기반의 전자투표 시스템이다. 에스토니아는 세계 최초로 총선에서 온라인 전자투표를 도입했고, 이후에는 블록체인 기반의 전자투표 시스템을 구축했다. 블록체인 기술을 사용하면 시민들은 온라인상에서 클릭 한 번으로 투표를 빠르고 쉽게 끝낼 수 있다. 투표장에 가야 하는 불편함이 없어진다. 이는 투표에 들어가는 비용 감소와 투표율 상승으로 이어질 수 있다. 블록체인을 통해 '신뢰성'과 '편의성'을 동시에 제고할 수 있는 것이다. 실제 에스토니아는 거주민의 30%가 온라인으로 투표를 하고 있고, 당국은 이를 통해 1만 일 이상의 근무일을 절감했다고 밝혔다. 에스토니아의 전자투표는 선거일 10일 전부터 4일 전까지 진행한다. 유권자들은 투표 종료 전까지 지지 후보를 바꿀 수도 있다. 해당 플랫폼에는 2개의 블록체인이 사용된다. 하나는 투표 내용(예를 들어 어떤 정당을 뽑았는지)이 포함된 블록체인이고, 다른 하나는 유권자를 확인하기 위한 트랜잭션(transaction)이 기록된 블록체인이다. 이 같은 방법을 통해 플랫폼상에서 유권자의 익명성도 보장할 수 있다.

미국

미국의 델라웨어 주는 공공 기록물 관리에 블록체인 기술을 도입했다. 공공기록원(Delaware Public Archives)에 보관되는 데이터를 블록체인 기반의 분산원장을 통해 관리한다. 이를 통해 문서의 위변조를 방지하고, 스마트 계약을 활용하여 공공 기록물의 폐기와 관련된 법률 준수를 자동화해 행정 비용을 줄이는 것이 목표다. 더불어 모든 노드에 정보가 저장되는 블록체인의 특성상 기록물이 훼손될 경우 관련 정보를 복구하는 작업이 더 용이해진다.

텍사스 주는 블록체인을 통해 학업 기록을 관리하는 시스템을 구축했다. 학생들은 체인스크립트(Chainscript)라는 프로그램을 활용하여 다른 기관들에게 본인들의 학업 데이터(학점, 인증서, 학위 등)를 쉽게 공유할 수 있다. 프로그램에 올라간 학업 정보는 위·변조가 불가능한 기록으로 등록된다. 해당 데이터를 전달 받은 기관들의 경우 체인스크립트 블록체인과 비교함으로써 위·변조 여부를 빠르게 파악할 수 있어서 편의성이 올라간다.

조지아

조지아 정부는 비트퓨리 그룹(Bitfury Group)과 공동으로 개발한 블록체인 기술을 이용한 토지 소유권 등록 시스템을 도입했다. 토지 소유권을 처리하는 데 보통 3~4일이 걸리던 시간이 1초 안에 3,000여 건을 처리할 수 있을 정도로 빨라졌다. 이러한 시스템의 도입으로 현재 약 400만여 개의 토지 소유권이 블록체인 시스템에 저장되어 관리되고 있다. 토지 소유권 처리 속도 증진이나 관리 비용 절감뿐만 아니라 토지 소유권에 대한 투명성 제고와 토지 관련 범죄를 효과적으로 근절할 수 있다는 것도 블록체인 시스템의 장점이다.

아랍에미리트

아랍에미리트의 두바이는 최근 정부에서 발행하는 비자, 라이선스 등의 문서 관리를 2020년까지 블록체인 기술을 도입해 관리하는 계획을 발표했다. 단순한 정보 처리를 넘어 블록체인을 통해 업무를 자동화하고 실시간으로 데이터를 처리할 수 있는 기반을 만들고자 한다. 이를 위해 2017년 2월 IBM과 파트너십을 맺고 세관 정보를 실시간으로 제공하는 무역 거래 시스템을 구축할 것임을 밝혔다. 더불어 영국계 블록체인 스타트업인 오브젝트테크(ObjectTech)와는 디지털 여권을 도입하기 위한 프로젝트를 시작했다. 수동으로 진행되는 여권 검증 절차를 없애고 무인 공항 출입 시스템을 구축하는 것이 골자다.

두바이 정부는 국가 단위의 블록체인 사업을 통해 연 15억 달러의 문서 관리 비용을 절감할 수 있을 것이라고 예측했다. 당국은 최대 114메가톤까지 이산화탄소 배출량을 줄이고 최대 2억 5,100만 시간의 경제적 생산성을 재분배할 수 있게 될 것으로 예상했다. 또한 공공이나 민간 부문의 47개 단체로 구성된 글로벌 블록체인 협의회(Global Blockchain

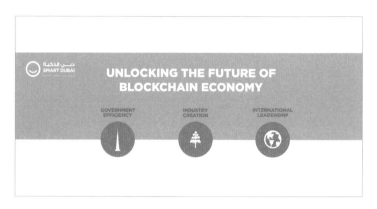

▲ 블록체인을 적극적으로 도입하고 있는 두바이 정부 (출처: Dubai Government)

Council)를 설립했다. 단체는 블록체인 애플리케이션에 대한 연구를 진행해 건강 기록, 다이아몬드 거래, 소유권 이전, 사업자 등록, 디지털 유언, 관광 계약이나 운송 등에 이 애플리케이션을 이용할 예정이다.

대한민국 정부도 블록체인 기술 도입을 다각도로 검토 중이다. 관세청은 통관 서비스에 블록체인을 도입할 예정이다. 일반 사용자는 자신이 해외에서 주문한 물건의 위치 정보를 실시간으로 확인할 수 있어 편의성이 높아지고, 통관 과정이 투명해짐에 따라 허위 신고·저가 신고 등으로 인한 피해를 줄일 수 있을 것으로 보인다. 과학기술정보통신부는 2019년 9월 블록체인 기반의 모바일 운전면허 확인 서비스에 대해 임시 허가를 부여했다. 모바일 앱에 실물 운전면허증을 등록하면 QR코드, 바코드 형태로 인증 서비스를 사용할 수 있다. 사용자 관련 정보는 스마트폰 내부에만 블록체인으로 암호화되어 저장되고, 블록체인을 통해 개인 정보 관련 데이터의 위·변조를 방지한다.

▲ 모바일 운전면허증 예시 (출처: 이동통신3사 제공)

이 외에 국내에서 블록체인이 공공 분야에 적용된 대표적인 사례로는 '지역화폐'를 꼽을 수 있다. 김포페이, 노원페이 등 지역화폐를 도입하는 지자체들이 꾸준히 증가하고 있다. 블록체인을 통해 관련 기록을 안전하게 보관·관리할 수 있고, 스마트 계약 기능을 활용하여 부적절한 사용을 방지할 수 있다. 예컨대, 김포페이의 경우 김포지역 내 가맹점에서는 사용이 가능하나 유흥업소에서는 사용이 불가하다. 청년지원금, 출산장려금과 같은 특수 목적성 자금의 경우 블록체인 검증 기능을 통해 사용 내역을 확인할 수 있다.

결국 핵심 키워드는 '신뢰성'과 '효율성'이다.

앞서 언급된 각국의 정부들은 블록체인을 통해 공공서비스의 신뢰성을 제고하고 불필요한 행정비용 절감을 도모하고 있다. 몇몇 국가들은 스마트 계약과 같은 기능을 통해 업무를 자동화하는 시스템을 이미 도입했거나 추진하는 상황이다. 더 나아가서는 공공 데이터의 '주권'을 중앙 기관에서 개인에게 옮기는 움직임이 이루어지고 있다. 시민들에게 각자 자신의 신원 정보에 대한 소유권과 통제권을 주고, 사용자들이 본인의 개인 정보를 제공하거나 사용하고 싶을 때를 '직접' 선택할 수 있도록 하려는 것이다.

이는 지극히 당연한 현상이다. 알리바바의 창업주인 마윈은 데이터를 '21세기의 석유'라고 표현했다. 실제 글로벌 IT 공룡들과 정부 기관들은 개인(individual)이 생성하는 데이터를 통해 막대한 가치(value)를 만들어냈을 수 있다. 그럼에도 불구하고 각각의 개인들에게는 본인이 만든 데이터에 대한 주권이 없는 상황이다. 언제 어디서 어떻게 사용되는지 알기 어렵다는 사실은 이미 당연시되어 버렸다. 그저 이상한 곳에 쓰이지 않기만을 바랄 뿐이다.

블록체인은 이에 대한 해답을 제시한다. 공공 분야에서도 마찬가지다. 각각의 개인 정보는 암호화된 블록체인 데이터베이스에 저장된다. 개인들은 인터넷을 통해 이 분산형 장부에 접근할 수 있다. 정부는 이들과 관련된 정보를 읽거나 수정할 때 각각의 개인들에게 '승인'을 받아야 한다. 정보를 단순히 공유만 할 때는 퍼블릭 키(Public Key)를 사용하고, 특정 정보를 작성하거나 수정하고 싶을 때는 프라이빗 키(Private Key)를 정부 기관에 일회성으로 발행할 수 있다. 이 같은 과정을 통해 데이터의 주권을 '중앙 정부 기관'에서 '개인'에게 점진적으로 분산할 수 있다. 블록체인이라는 거대한 기반 기술을 통해 공공 분야의 서비스 패러다임이 전환되는 것이다.

하지만 공공 분야의 블록체인 적용은 대국민 서비스에 큰 영향을 줄 수 있으므로 신중하게 이루어져야만 한다.

공공 기관들이 다루는 정보들은 높은 보안성과 신뢰성을 요구하는 자료들이 많다. 주민등록번호, 사업자 정보, 범죄 기록 등 개인의 주요 정보들이 유출될 경우 시민들에게 직접적인 타격을 줄 수 있다. 한 치의 오차도 허용되어서는 안 된다는 뜻인데, 이런 데이터를 관리하는 것은 국가기관에게도 결코 쉽지 않은 일이다. IT 리서치 기관인 가트너(Gartner)에서 진행한 조사에 따르면 정부 담당자 중 66% 이상이 블록체인 기술에 주목하고 있지만 실질적인 계획을 세우고 있다는 답변은 20% 수준인 것으로 파악되었다. 아직 기술의 성숙도가 충분히 올라오지 않았다는 의견이 지배적이었다. 국민의 신뢰를 기반으로 운영되어야 하는 공공 분야의 경우 블록체인 사업을 시작하기 전에 더 세밀한 타당성 검증 작업이 필요하다. 새로운 시스템인 만큼 참고할 만한 비교 사례를 찾기 어렵겠지만, 블록체인의 강점을 살릴 수 있는 소규모 프로젝트를 빠르게 진행하여 의미 있는 성공 사례를 축적해야 할 것이다.

더불어 블록체인 사업의 경우 외부 파트너를 적극적으로 활용할 필요가 있다. 미국 공공 기관의 경우 이미 민간 사업자들이 공무원들과 함께 정부의 행정, 기술 관리 등에서 전략적 계획을 수립하고 있다. 반면 한국에서는 대부분 공무원이 이런 역할을 맡아서 일하는데 아무래도 노동력과 고도의 전문성이 부족할 수 있다. 특히 블록체인과 같이 외부적 관점이 필요한 기술 도입에서는 더욱 그러하다. 새로운 기술과 시스템은 여러 가지 아이디어와 그에 맞는 전문성이 완벽한 조화를 이루어 큰 공공 분야 계획을 이끌어가야 하는데, 정부와 민간 기업들의 협업 없이는 성공시키기 어렵다. 글로벌 컨설팅 회사인 매킨지(McKinsey) 역시 공공 분야에 블록체인을 도입하기 위해서는 공공-민간 파트너십을 통한 파일럿 프로그램 운영이 필요할 것이라고 주장한다. 이를 통해 민간 기업들은 본인들의 기술력을 쇼케이스(showcase)할 수 있는 기회를 부여받게 되고, 정부기관의 경우 내부 자원을 아끼면서 최신 블록체인 트렌드를 빠르게 습득할 수 있다.

여러 번 반복해서 말했듯이 블록체인은 하나의 거대한 기반 기술이다. 기술의 발전만으로는 안 된다. 효율적인 활용을 위해서는 연관된 주변 기술도 함께 성숙되어야 한다. 그리고 무엇보다 공공 분야 도입을 위해서는 관련된 법과 제도의 개선이 반드시 동반되어야 한다. 더불어 공공-민간이 함께 기술적인 관점에서 공통 표준을 세우는 작업도 지속적으로 진행해야 할 것이다. 정부 기관은 국제 포럼 및 콘퍼런스를 주최하여 글로벌 기관들과 함께 습득한 인사이트를 공유하고 새로운 트렌드를 캐치해야 한다.

과거 영국은 자국의 마차 산업을 보호하기 위해 자동차 산업을 배척했다. 자동차가 마차보다 빨리 달리지 못하도록 속도를 제한하는 어처구니없는 정책이 그중 하나다. 그 결과 영국은 자동차 산업의 패권을 독일에게 빼앗기고 말았다. 과거 우리나라도 마찬가지다. 조선의 흥선대원군은 기득권 세력을 보호하기 위해 쇄국 정책을 펼치며 국제적 고립을 자초했다. 결국 우리는 일본의 식민 지배를 받는 뼈아픈 경험을 해야 했고, 500년 조선 왕조는 그렇게 몰락하고 말았다.

다수의 세계적인 석학들은 블록체인이 5~10년 안에 시장을 재편할 것이라고 주장한다. 필자 역시 이들의 의견에 동의한다. 블록체인이 세상의 모든 문제를 해결해주는 '치트키'는 아니지만, 디지털 시대에 새로운 기반 기술로서 중요한 역할을 할 것이라는 굳건한 믿음이 있다.

이제 바통은 정부에게 넘어갔다.

통일 한국의 교육,
블록체인 기반 온라인 교육에서 답을 찾자

김기영 대표
〈조선에듀〉 칼럼

2018년 서울대 학생들이 김일성종합대학교에 교류를 제안하는 공식 요청을 보냈다. 체육 교류, 김일성종합대 학생들과의 토론, 북한에 있는 고구려 관련 역사 답사 등을 생각하고 있다고 한다. 이런 소식이 들리는 걸 보니 남북 통일이 멀지 않은 것 같은 느낌이 들었다. 하지만 섣부른 낙관 역시 금물이다. 대한민국이 극복해야 할 현실의 벽이 결코 낮지 않기 때문이다.

통일은 기회인 동시에 준비가 필요하다. 통일 한국의 가장 큰 문제 중 하나는 바로 교육이다. 국가의 뿌리는 사람이고, 사람의 뿌리는 교육이 만든다. 미국의 35대 대통령 존 F. 케네디는 민주주의 제도에서 한 사람의 무지(Ignorance)는 모든 사람의 불행을 가져온다고 말했다. 자유민주주의를 지향하는 통일 한국이 '행복한 나라'가 되려면 교육을 통해 북한 국민들에게 지식을 전달하는 것이 급선무다.

잘 알려진 바와 같이, 북한의 경우 김일성 일가에 충성을 강요하는 과목의 비중이 교과 과정의 50%가량을 차지한다. 전반적인 지적 능력이 떨어질 수밖에 없다. 기업의 입장에서는 고용 가능한 인적 자원이 부족하다는 뜻이기도 하다. 정부는 이들에게 국어, 영어, 수학, 역사, 정치학, 소프트웨어 교육 등 사회의 기반이 되는 핵심 과목을 집중적으로 가르쳐야 한다.

문제는 교육 인프라다. 일단 교사가 절대적으로 부족하다. 북한에 있는 교사들을 교육하기 위해서는 어느 정도 시간이 필요하다. 하지만 마냥 기다릴 수는 없다. 남과 북의 격차를 빠른 기간 안에 줄이지 못하면 통일의 부작용은 오랫동안 혹은 영원히 우리를 괴롭힐 수 있다.

결국 해답은 온라인 교육이다. 예컨대 정부가 모바일 기기를 보급하여 MOOC(온라인 공개 수업, Massive Open Online Course)를 제공하는 방법이 있다. 그러나 MOOC는 기존 시스템을 대체하기에는 몇 가지 치명적인 문제점을 가지고 있다.

일단 수업 완강률이 매우 낮다. 펜실베이니아대학교의 연구 결과에 따르면 대표적인 MOOC 플랫폼인 코세라(Coursera)의 경우 수업을 완강하는 비율이 4%에 불과했다. 국내 교육 프로그램인 EBS 역시 완강률이 13.8%에 불과하다는 통계가 있다. 당장 생계를 걱정해야 하는 북한 주민들은 교육이 사치라고 느낄 수 있고, 자연스럽게 온라인 교육 이수율이 더 낮아질 확률이 높다. MOOC의 또 다른 문제점은 개인 맞춤 교육의 부재다. 사람은 개인마다 학습 속도와 지적 역량이 다르지만 MOOC는 이 같은 수요를 충족시켜줄 만큼 다양한 수준의 콘텐츠를 제공하지 못하고 있다.

필자는 이에 대한 해결책으로 '블록체인 기반의 온라인 교육'을 제시한다. 방법을 간단하게 설명하면 다음과 같다. 먼저 세계인들을 대상으로 블록체인을 기반으로 하는 '통일암호화폐(가제)'를 발행한다. 주식을 상장하듯 코인을 상장하여 자금을 모으고, 확보한 자금의 일부를 교육용 모바일 기기를 보급하는 등 인프라 구축을 위해 사용한다. 북한 주민들은 통일 정부가 지정한 온라인 수업을 성공적으로 이수하여 완강할 경우, '통일암호화폐'를 장학금 형식으로 지급받는다. 학생들은 이 암호화폐로 멘토링 프로그램을 신청하거나 심화 교육 과정을 수강한다(정부 허가를 받는다면 현금화도 가능하다). 강사들이 더욱 다양하고 질 높은 컨텐츠를 생성할 수 있도록 '통일암호화폐'를 인센티브로 제공할 수도 있다.

학생들의 수강 내역 및 콘텐츠 관련 데이터는 블록체인 시스템상의 분산 장부에 기록되어 위·변조가 불가능하다. 교육 관계자는 확보한 데이터를 분석하고 인공지능 등 4차 산업혁명의 핵심 기술들과 연결하여 최상의 '맞춤형' 교육을 제공한다. 서버 관리 역시 블록체인을 활용하여 비용을 절감할 수 있다. 예컨대 스토리지(Storj), 파일코인(Filecoin)과 같은 블록체인 플랫폼에서는 일반 개인 사용자가 자신의 컴퓨터나 서버에 남는 저장 공간을 빌려주면 그 대가로 코인을 얻는다. 빌리는 사람 입장에서는 저렴한 비용으로 저장 매체를 확보하고, 대여해주는 입장에서는 그에 상응하는 금전적 인센티브를 얻을 수 있는 윈윈(win-win) 구조다.

참고로 동유럽국가 리투아니아(Lithuania)에서는 이미 블록체인을 기반으로 하는 온라인 교육 플랫폼 비트디그리(BitDegree)가 위와 유사한 방식으로 서비스를 제공한 바 있다. 이들은 자체적으로 발행한 코인인 BDG 암호화폐를 통해 학생과 콘텐츠 제공자에게 매력적인 경제적 유인을 제시했다.

필자가 제시한 방법이 만병통치약이 될 수는 없다. 그러나 분명한 사실은 우리가 당면한 이 문제가 결코 기존의 틀 안에서 해결될 수 없다는 것이다. 크리스토퍼 콜럼버스가 대서양을 횡단하는 비전형적 항로를 통해 아메리카 대륙을 발견했듯이, 새로운 시대는 새로운 길을 요구하기 마련이다.

세계적인 투자자인 짐 로저스(Jim Rogers)는 한국은 반드시 통일될 것이며 통일된 한국은 세계가 주목하는 나라가 될 것이라고 주장했다. 아직 속단하기는 이르지만, 미래는 생각보다 빨리 온다. 정부 당국과 교육 관계자들의 치열한 고민이 필요한 이유다.

데이터 주권 이동의 시작,
탈중앙화 신원증명(DID)

"정보의 주인은 사용자 본인이다." 삼성전자 서비스기획 그룹장 김주완 상무의 말이다.

우리는 데이터의 시대에 살고 있다. 지금 이 순간에도 개인(Individual)들은 세계 곳곳에서 방대한 양의 데이터를 생성하고 있다. 하지만 아이러니하게도 이러한 데이터는 소수의 서비스 제공자들에게 집중되고 있다. 개인의 아이덴티티(Identity)가 막대한 부를 만들고 있음에도 불구하고 개인들이 아닌 서비스 제공자들이 데이터의 주권을 갖고 있는 것이다.

IT 업계에서 이런 시대착오적 문제점을 해결하기 위한 솔루션이 제시되었다. 바로 블록체인 기반의 '탈중앙화 신원증명(DID, Decentralized Identity)'이다.

DID란 개인 정보를 사용자의 단말기에 저장하고, 개인 정보를 인증할

「SERVICES

블록체인 기반 자기주권 신원확인 서비스
디패스(DPASS)

DPASS

'디패스'는 아이콘루프 자체 DID 기술로 구현한 블록체인 기반의 자기주권 신원확인 서비스입니다. 사용자는 자신의 정보들 디패스 애플리케이션에서 안전하게 관리할 수 있으며, 반복적인 개인정보 입력 과정 없이 다양한 서비스를 이용할 수 있습니다. 아이콘루프는 디패스의 블록체인 증명서 발급 서비스 '브루프'를 연계해, 블록체인 기반의 마켓조가 필요한 각종 증명서 디패스에 보관할 수 있도록 지원합니다. 뿐만 아니라 디패스만의 특화된 기능인 '볼트(Vault), 분산 저장기'를 통해, 개인정보를 관리 가장 없이 안전하게 백업할 수 있습니다.

[디패스 서비스 바로가기 →

DPASS
Manage both ID and cryptocurrency

▲ 국내 블록체인 기업 아이콘루프의 탈중앙화 여권 서비스 (출처: 아이콘루프)

때 필요한 정보만을 골라서 제출할 수 있게 해주는 전자 신원증명 기술이다. 중앙 기관들이 아닌 개인들이 자신의 데이터를 직접 관리하는 구조다. 기존의 방식과 달리 서비스 이용 과정에서 모든 개인 정보를 제공하지 않아도 된다. 각각의 사용자가 인증을 위해 꼭 필요한 필수적인 정보만 선택해서 제출할 수 있기 때문이다. 예컨대 편의점에서 술을 구매할 때 직원에게 보여주는 주민등록증에는 나이뿐만 아니라 주소, 이름, 주민번호 등 모든 개인 정보가 노출된다. 하지만 DID 기반 신원지갑을 사용하면 20세 이상 성인이라는 팩트만 확인시켜줄 수 있다. 온라인 플랫폼 사용 시 편의성도 개선될 것으로 보인다. DID를 이용하면 매번 별도로 인증할 필요 없이 이전에 인증했던 데이터를 불러오면 된다. 즉 개인 정보를 반복적으로 입력하거나 일일이 신분증 사진을 올리지 않아도 된다.

결국 핵심은 데이터의 주권이 중앙 기관·기업에서 개인에게로 온다는 것이다.

소수의 서비스 제공자가 운영하는 중앙 시스템에 방대한 양의 개인 정보가 몰리는 것은 상당히 위험한 현상이다. 서비스 제공자들은 처리해야 하는 데이터의 양이 기하급수적으로 증가하면서 관리의 어려움을 느끼고 있다. 한 번의 해킹 공격만으로도 대량의 개인 정보가 유출 될 수 있다. 국내 최고의 금융 회사인 삼성증권은 직원 1명의 실수로 시스템이 무너졌고, 세계적인 인터넷 기업인 페이스북도 고객들의 정보를 지켜내지 못했다.

개인들은 본인이 생성하는 데이터가 막대한 부를 창출하고 있음을 인지하기 시작하면서 변화의 필요성에 공감하고 있다. 온·오프라인 구분 없이 프라이버시에 대한 중요성도 강조되고 있다. 한국을 대표하는 블록체인 기술 기업 중 하나인 아이콘루프의 김종협 대표는 "르네상스 시대에서 사상의 중심이 인간으로 넘어왔듯이 개인 데이터 주권도 거대 기업에서 개인으로 자연스럽게 돌아오고 있는 상황이다"라고 말했다.

글로벌 테크 기업인 IBM·마이크로소프트 등은 이미 DID 서비스 개발을 시작했다. 아직 구체적인 방향이 정해지지는 않았지만 페이스북은 리브라 백서에 디지털 아이덴티티(Digital ID)를 탈중앙화된 방향으로 혁신하겠다는 의견을 제시했다. 국내에서도 삼성전자·SK텔레콤·KEB 하나은행 등이 DID 프로젝트를 진행 중이다. 과학기술정보통신부는 2019년 9월 블록체인 기반의 모바일 운전면허 확인 서비스에 대해 임시 허가를 부여했다. SK텔레콤·KT·LG유플러스 등 이동통신 3사는 해당 서비스 개발을 위해 경찰청과 업무 협약을 체결했다.

하지만 아직 갈 길이 멀다. 성장 가능성은 큰 시장이지만 기술 구현을 위한 구체적인 체계가 잡혀 있지 않다. 시스템의 한 부분으로만 생각할 뿐 생태계적 관점에서는 충분한 고민이 이루어지고 있지 않다. 무엇보다 표준 정립이 시급하다. 이미 여러 번 강조했듯 거버넌스 및 공통 표준 문제에 대한 합의가 이루어지지 않는다면 혁명의 불꽃이 만개하기도 전에 사라질 수 있다. 전 세계 시스템을 하나로 통일하는 건 어렵겠지만, 적어도 핵심적인 기능들에 대한 표준화 작업은 필요하다.

디지털 시대의 중심은 데이터다. 그리고 데이터의 중심이 '기관'에서 '개인'으로 이동하고 있다. 서비스 제공자 중심으로 만들어진 기존의 비즈니스 모델은 개별 사용자 중심으로 개편될 것이다. 사회의 패러다임이 전환되고 있는 것인데, 이런 큰 변화 속에는 반드시 기회가 존재한다.

관건은 타이밍이다. 글로벌 시장을 선점할 수 있도록 정부와 기업들의 적극적인 지원과 참여가 필요하다. 우리도 늦지 않았다.

블록체인의 아킬레스건은 양자컴퓨터?

블록체인의 가장 큰 위협 요소를 꼽으라고 하면 아마도 양자컴퓨터일 것이다. 2019년 10월 구글이 양자컴퓨터 기술을 개발 중이라는 보도 자료가 나오자 비트코인을 비롯한 암호화폐 가격이 급락한 바 있다.

양자컴퓨터는 흔히 '꿈의 컴퓨터'로 불린다. 일반 컴퓨터로는 몇 백 년이 걸릴 연산을 단 몇 분 만에 끝낸다. 기존 컴퓨터로 계산할 수 없었던 정보들도 손쉽게 처리한다. 복잡한 시뮬레이션과 스케줄링 문제를 풀 수 있어 인공지능 개발에 꼭 필요한 기술로 손꼽힌다.

양자컴퓨터의 발전 역사를 살펴보자. 컴퓨터에는 CPU라고 불리는 중앙처리장치가 존재한다. 사람의 두뇌와 비슷한 역할을 하는데, 인간이 컴퓨터에 명령한 내용을 처리한다. 인류는 컴퓨터의 두뇌인 CPU의 역량을 키우기 위해 무던히 노력해왔다. 그중 한 방법으로 '트랜지스터

(transistor)'를 얼마나 촘촘히 배치할 수 있는지 기술 진화 경쟁을 펼쳤다. 하지만 트랜지스터의 수를 늘리는 방법은 결국 일정한 한계점에 도달할 수밖에 없다. 지속 가능한 발전이 어렵다는 얘기다.

양자컴퓨터는 이에 대한 해결책을 제시한다. 기존의 컴퓨터는 0과 1이라는 이진법(binary bit)을 사용한다. 스위치를 끄면 0을 나타내고, 스위치를 켜면 1을 나타내는 개념이다. 0이나 1의 상태가 '비트'라는 기본 단위가 된다. 반면 양자컴퓨터에서는 '양자역학'을 이용해 0과 1이 아닌 중간 단계가 동시에 존재할 수 있다. 따라서 양자컴퓨터에서는 0과 1뿐만 아니라 00, 01, 10, 11과 같은 4가지 상태를 표현할 수 있다. 이를 큐비트(quantum bit)라고 부르는데, 큐비트가 4개가 있으면 16가지 상태를 표현할 수 있고, n개가 있으면 2의 n 제곱만큼 중첩시키는 것이 가능하다.

내용이 좀 복잡하지만, 결국 핵심은 비트를 사용하는 현재의 컴퓨터보다 큐비트를 사용하는 양자컴퓨터가 압도적으로 효율적이라는 것이다. 특히 암호 풀이, 패턴 분석에 어마어마한 강점이 있다.

그렇다면 왜 양자컴퓨터가 블록체인에 위협 요소가 될까? 이유는 간단하다. 해시의 역함수를 쉽게 찾아낼 수 있기 때문이다. 앞에서 설명했듯 블록체인의 기본 개념은 역함수 계산이 매우 어렵다는 것을 전제로 한다. 양자컴퓨터는 슈퍼컴퓨터와는 비교할 수 없는 계산 능력을 갖추고 있어 소수의 해커만으로 블록체인 시스템이 무너질 수도 있다.

하지만 양자컴퓨터를 단기간에 상용화하기는 쉽지 않을 것이다. 기술적인 관점에서 양자를 효과적으로 통제하기 어려울뿐더러 막대한 설비 투자가 이루어져야 하기 때문이다. 또한 양자컴퓨터로 해시의 역함수를 빠르게 계산하는 수준까지 올라간다면 블록체인이 문제가 아니라 현재 인류가 사용하고 있는 모든 보안 시스템이 다 파괴될 수 있다. 우리가 사용하는 대부분의 체계가 재정비되어야 한다는 뜻이다.

양자컴퓨터는 분명 인류의 핵심 기술로 도약할 것이지만, 지금 당장 블록체인과 연계하여 고민할 필요는 없어 보인다. 물론 그렇다고 마냥 손을 놓고 있어서도 안 된다. 양자컴퓨터의 연산력이 발전하는 만큼 블록체인 기술의 양자 저항 적용 수준도 반드시 업그레이드되어야 한다.

블록체인 기업들은 어떤 인재를 원하는가

필자는 얼마 전 서울의 모 고등학교에서 블록체인 특강을 진행했다. 대기업, 스타트업, 국내외 석·박사생 대상으로는 강의를 자주 하는 편이지만, 고등학생을 대상으로 진행하는 수업은 필자에게도 퍽 낯설었다. 하지만 우려는 잠시뿐이었다. 학생들은 강의 내내 높은 집중력을 보였고, 질문 역시 날카롭고 예리했다. 맨 앞줄에 앉아 필기를 멈추지 않던 학생 한 명이 물었다.

"그래서 블록체인 쪽으로 취직하려면 어떻게 해야 하나요?"

수많은 질문과 답변이 오갔지만 결국 이날 강의의 핵심은 앞의 질문에 대한 답이었던 것 같다. 이는 대학생, 취준생, 사회 초년생들의 공통적인 고민에도 해답을 줄 수 있다.

블록체인에 대한 관심이 늘면서 관련 일자리도 더욱더 많이 등장하는 중이다. 취업 전문 사이트인 업워크(Upwork)에 따르면, 블록체인 기술은 2017년 하반기 기준으로 미국 IT 구직 시장의 인기 순위 2위를 기록했다. 유사 업체인 인디드(Indeed) 역시 블록체인 기술 관련 구인 게시글이 2016년 상반기 이래로 600% 이상 증가했다고 밝혔다.

관련 기술자들의 몸값도 금값이다. 구인·구직 분석 기관인 버닝 글래스 테크놀로지(Burning Glass Technology)에 따르면, 미국 대도시에서 근무하는 블록체인 개발자의 평균 연봉은 약 1억 7,000만 원으로 일반 소프트웨어 개발자보다도 2,000만 원 정도를 더 받는다. 블록체인의 기세가 한풀 꺾였지만 블록체인 인재에 대한 수요는 지속적으로 증가할 것이다.

블록체인 기술을 보유한 인재들을 고용하는 회사·기관은 누구일까? 공개된 자료들을 살펴보면 다양한 산업군에서 고용이 발생하고 있음을 확인할 수 있다.

① 컨설팅 및 대형 IT 기업: 대부분의 글로벌 컨설팅기업은 고객들의 요구를 충족시키기 위해 내부 블록체인 인력을 늘리는 추세다. 액센추어, 딜로이트, PwC, KPMG 등이 있는데, 딜로이트의 경우 블록체인 신생 업체인 루빅스를 인수하기까지 했다. 국내에서는 삼성 SDS, LG CNS 등이 블록체인 보급에 적극적으로 나서고 있다. IBM은 블록체인 업계의 절대적인 강자다. 개발자뿐만 아니라 MBA 출신의 경영 컨설턴트도 공격적으로 영입하고 있다. 이외에도 SAP, 인텔 등 IT 기업들이 블록체인을 매우 진지하게 받아들이고 있다.

② 블록체인 벤처 및 스타트업: 2세대 블록체인을 주도한 이더리움은 2018년 1

월 기준으로 약 20여 개의 프로젝트를 진행 중이다. 이들은 개발자들이 소프트웨어를 만들고 발매할 수 있도록 지원하는 인프라를 구축하고자 한다. 당연한 얘기지만 블록체인 관련 인력 채용에 대한 관심이 높다. 국내에서도 블록체인 스타트업들이 재무, 전략, 마케팅, 개발, 기획 등의 분야에서 인재들을 적극적으로 채용하는 추세이니 참고할 필요가 있다.

③ 블록체인 컨소시엄 및 정부 기관: 세계 최대 금융 블록체인 컨소시엄 중 하나인 R3 CEV는 금융 산업에서 블록체인 공통 표준을 구축하기 위해 노력하고 있다. 국내에서는 한국블록체인협회가 2018년에 이미 출범했다. 진대제 전 정보통신부 장관이 회장으로 임명되었다. 안정적인 블록체인 생태계 운영을 위한 인프라 구축을 도울 인재가 필요한 상황이다. 정부 역시 블록체인 활용 방안에 대한 관심이 크다. 과학기술정보통신부는 블록체인이 발전 단계인 만큼 인력 확보를 통해 조기에 기술력을 높이고 응용 분야를 확대할 것이라고 말했다.

우리는 이제 어느 분야에서 블록체인 인력이 필요한지 알게 되었다. 그럼 한 레벨만 더 깊게 들어가 보자. 구체적으로 우리는 어떤 기술을 습득해야 하는 것일까?

기업과 정부 기관이 채용하는 블록체인 관련 직종은 다양하다. 하지만 대부분의 업체는 기본적으로 자바스크립트, C++, 파이선 언어를 다룰 줄 아는 인력을 선호한다고 말한다. 다시 말해 컴퓨터 사이언스에 대한 탄탄한 지식이 있어야 한다는 뜻이다.

블록체인 시스템의 원리나 블록체인을 위한 프로그래밍 언어는 추가적인 교육 과정을 통해 습득할 수 있기 때문에, 업계에서는 탄탄한 코딩

기본기를 갖춘 인력을 선호한다. 암호기법에 대한 지식이 있을 경우 큰 가산점까지 받는다. 백엔드 개발 경험, 분산형 시스템 운영 경험, 머신러닝 스킬 보유자 역시 우대한다. '마이크로 서비스 아키텍처(MSA, Micro Service Architecture)'나 '도커(Docker)'와 같은 컨테이너 기술을 잘 안다면 더욱더 유리한 고지를 선점할 수 있다.

비즈니스 직군에서 채용이 계속 이루어지고 있지만, 블록체인이라는 기술의 본질을 이해하기 위해서 SW 정보 교육은 선택이 아닌 필수다. 여기에 덧붙여 말하자면, 블록체인 관련 커리어를 만들기 위해서는 무엇보다 '자기주도 학습능력'이 중요하다. 블록체인이 아직까지는 상당히 새로운 기술이기 때문에 참고할 만한 자료가 많은 편이 아니다. 꾸준히 시간을 들여 업계 사람들과 네트워킹하며 궁금증을 해소하고, 오픈소스 코드를 찾으면서 업무를 통해 기술 역량(skill set)을 향상해야 한다.

또한 블록체인 관련 비즈니스에 대한 높은 이해도 역시 요구된다. 기본적으로 블록체인 기술을 도입하기 위해서는 비즈니스 프로세스 조건에 대한 동의가 먼저 이루어져야 한다. 이해관계자들 간에 합의가 이루어지지 않는다면 아무리 좋은 기술이어도 프로젝트까지 이어지기 어렵다. 포레스터 리서치의 블록체인 기술 전문가이자 수석 애널리스트인 마사 베넷(Martha Bennett)도 "블록체인은 2할이 기술이고 8할은 비즈니스다"라고 주장한 바 있다.

블록체인 관련 업체들은 기본적으로 프로그래밍 언어에 대한 이해도가 높은 인력을 선호하지만, 비즈니스 직군에서도 지속적인 채용이 이루어지고 있다. 블록체인 관련 사업에 대한 높은 이해도와 새로운 기술을 습득하고자 하는 '학습 의지'가 요구된다. 세상이 바뀌었다. 변화는 위기와 기회를 동반한다. 우리는 위기에 굴복할 것인가, 아니면 숨은 기회를 찾아 도약할 것인가? 선택은 여러분의 몫이다.

PART

3

블록체인&암호화폐 전문가 인터뷰

응용편

블록체인&암호화폐 전문가 인터뷰

필자는 GBA 한국 지부 대표를 맡고 있다. GBA란 Government Blockchain Association의 약자로 미국 버지니아 주에 본사를 두고 있는 글로벌 블록체인 협회다. 현재 전 세계 약 90여 개의 지부를 운영 중이며 주로 정부 및 공공 기관 관계자들을 대상으로 블록체인 솔루션 및 교육 과정을 제공하고 있다. GBA는 국내외 기관들과의 교류를 통해 블록체인 산업의 제도 정비 및 성장 전략을 마련하고, 더 나아가서는 지속 가능한 블록체인 생태계를 구축하자는 목표하에 운영되고 있다.

2019년 9월 7일 GBA 한국 지부는 작년에 이어서 삼성동 코엑스에서 두 번째 블록체인 콘퍼런스(2nd Block-talk)를 개최했다. 올해도 블록체인 산업을 이끌고 있는 업계 전문가들을 패널로 섭외해서 콘퍼런스를 진행하여 블록체인의 용례(Use Case)부터 전망까지 알아보았다. 콘퍼런스 진행 후 참석자들로부터 '트렌드 파악에 큰 도움이 되었다.' '흩어진 퍼즐

조각들을 깔끔하게 정리한 기분이다.' '업계 리더분들과 함께 할 수 있어서 매우 유익한 시간이었다.' 등 긍정적인 피드백을 받을 수 있었다. 필자는 이러한 좋은 내용을 독자와 공유하면 좋겠다는 생각에 패널들의 동의를 얻어 콘퍼런스 내용을 인터뷰 형식으로 재구성하여 이번 책에 싣게 되었다.

이 장은 다음과 같이 다섯 가지 섹션으로 구분되어 있다.

① 블록체인&암호화폐 법적 규제 및 가이드라인
② 공공 분야 및 정부 기관의 블록체인 도입 현황 및 향후 전망
③ IT 공룡들의 블록체인 기술 활용 현황
④ 암호화폐의 현재와 미래
⑤ 국내 블록체인 스타트업의 비즈니스 케이스

〈블록체인&암호화폐 법적 규제 및 가이드라인〉에서는 정호석 변호사의 발표를 인터뷰 형식으로 정리했다. 정호석 변호사는 대한민국 최초의 스타트업 로펌인 세움(SEUM)을 설립하여 다양한 스타트업·IT기업 및 블록체인 관련 기업에 법률 자문을 제공하고 있다. 스타트업과 블록체인 분야에서 대내외적으로 실력을 인정받아 대한변호사협회 'IT·스타트업·블록체인특별위원회' 위원장에 위촉되었다. 〈공공 분야 및 정부 기관의 블록체인 도입 현황 및 향후 전망〉에서는 대니얼 임 GBA 아시아 헤드와의 인터뷰 내용을 정리했다. 대니얼 임은 현재 하이퍼레저 그룹 워싱턴 D.C. 지부 대표를 겸직하고 있으며, 글로벌 컨설팅 회사의 컨설턴트로

서 다양한 공공 기관 프로젝트를 진행한 바 있다. 〈IT 공룡들의 블록체인 기술 활용 현황〉, 〈암호화폐의 현재와 미래〉, 〈국내 블록체인 스타트업의 비즈니스 케이스〉에서는 국내 대표 블록체인 기업의 C-Level 임원들을 대상으로 인터뷰를 진행했다. 커먼컴퓨터의 김정현 이사, 블록오디세이의 연창학 대표, 코박(Cobak)의 강민승 대표, 디콘(Decon)의 임성은 대표 등이 자리에 함께했다.

필자는 학부 시절부터 여러 조직의 단체장을 맡으면서 이런저런 이벤트들을 참 많이 기획할 수 있었다. 그 과정에서 '좋은 사람이 모이면 좋은 콘텐츠가 나온다'는 확고한 믿음이 생겼다. 블록체인&암호화폐 산업도 다를 바 없었다. 업계의 리더들로부터 생생한 현장의 목소리를 듣는 것은 블록체인의 흐름을 파악할 수 있는 가장 효과적인 방법 중 하나였다. 귀중한 시간을 할애해주신 패널들께 다시 한 번 깊이 감사드리며, 이들의 인사이트 넘치는 답변을 독자들과 함께 공유한다.

블록체인&암호화폐
법적 규제 및 가이드라인

정호석 대표 변호사
법무법인 세움

본인의 이력과 현재 소속 기관에 대해서
소개 부탁드립니다.

> 저는 2012년에 법무법인 세움을 설립해서 많은 스타트업과 블록
> 체인 회사를 자문하고 있습니다. 대표적으로 '해시드(Hashed)'라
> 는 업체가 있고요. 최근에는 갤럭시노트10의 데모로 들어가는 다
> 섯 개의 블록체인 프로젝트 중에서 두 개의 프로젝트에도 조언을
> 드렸습니다. 지금까지 15개 정도의 국내외 ICO 프로젝트에 도움
> 을 드렸으며, 코인 발행 및 암호화폐와 관련이 없는 일도 자문하고
> 있습니다. 현재는 대한변호사협회에서 'IT · 스타트업 · 블록체인
> 특별위원회(이하 특별위원회)'의 위원장도 맡고 있습니다.

블록체인과 암호화폐를
접하게 된 계기가 무엇인가요?

한국에서 최초로 설립된 암호화폐 거래소인 코빗(Korbit)이라는
회사를 2014년에 만나면서 처음으로 블록체인을 접했습니다. 이
회사를 자문하다가 비트코인이 무엇인지 알게 되어 비트코인도
샀습니다. 그러나 두 달 후 '마운트곡스 사태'[18]가 발생하면서, 비
트코인을 이상한 것으로 인식하고 한동안은 잊고 살았습니다. 그

---

18 마운트곡스는 2014년까지 전 세계 모든 비트코인 거래 중 70% 이상을 처리하는 세계 최대
    의 암호화폐 거래소로 성장했다. 그러다 2014년 2월 마운트곡스가 해킹을 당해 85만개의
    비트코인을 도난당하는 사건이 발생했다. 이로 인해 마운트곡스 사이트는 폐쇄되고, 회사는
    파산을 선언했으며, CEO인 마크 카펠레스는 체포되었다. (출처: 해시넷)

러던 어느 날 고등학교 후배인 김서준 해시드 대표가 찾아와서 블록체인이 차세대 희망이 될 것이라고 얘기해줬습니다. 변호사로서 스타트업에 도움을 주셨던 것처럼, 블록체인 분야도 꼭 도와주시면 좋겠다고 했습니다. 이때부터 블록체인과 암호화폐를 공부하기 시작했고요. 한국 로펌 중에는 처음으로 이더리움기업연합(Ethererum Enterprise Alliance, EEA)에 가입해서 블록체인과 암호화폐와 관련한 일에 자문을 시작했고, 이후로도 많은 프로젝트에 조언을 드리고 있습니다.

**블록체인과 암호화폐와 관련한 주요 사건들을 경험하면서
느꼈던 어려움은 무엇인가요?**

암호화폐와 관련된 법 제도가 현재까지도 전혀 없는 실정입니다. 법은 하나도 없고 금융 기관을 대상으로 한 가이드라인만 나와 있습니다. 대한변호사협회에서 '특별위원회' 위원장을 하다 보니까 정부 담당자들을 비공식적으로 만날 기회가 있었는데요. 아쉽게도 이분들은 제도화에 대해 아직 뚜렷한 생각이 없는 것 같았습니다.

**뉴욕 Consensus 2019에서 느낀 점이 많았다고 들었습니다.
무엇인지 말씀 부탁드립니다.**

2019년 5월 뉴욕에서 개최된 Consensus 2019 행사에 참석했습니다. 이때 SEC(Securities and Exchange Commission, 미국 증권거래위원회)의 헤스터 피어스(Hester Peirce) 위원이 발표한 내용은 '미국 기업에 정말로 미안하다'는 것이었습니다. SEC 위원으로서 블록체인 회사들을 많이 도와주고 발전시켜야 하는데 그러지 못해서 굉장히 미안하다는 말과 빠른 시일 내에 제도화할 수 있도록 노력하겠다는 말을 공식 석상에서 했습니다. 저한테는 너무 충격적이었습니다. 어쩔 수 없는 환경이라고 하지만 한국의 공무원들을 만나서 "이걸 왜 못해요?"라고 물어보면 대부분이 "그것을 어떻게 제가 책임지고, 어떤 권한으로 합니까?"라고 대답합니다. 그분들을 이해할 수 있지만 누구에게서도 "미안하다"라는 말을 듣기가 어렵습니다. SEC의 높은 자리에 계신 위원이 공식 석상에서 국민들에게 미안하다고, 노력하겠다고 한 것은 저에게는 굉장히 놀라웠습니다.

뉴욕의 콘센서스 행사는 지금까지 참석한 블록체인 행사 중에서 가장 좋았던 행사였습니다. 그전까지는 행사에 가면 돈 냄새가 많이 나는 느낌을 받았습니다. '무엇을 하면 돈을 많이 벌고' '어떤 프로젝트가 잘되고' '돈이 얼마가 모였나' 등 주로 돈 얘기만 오갔기 때문입니다. 반면에 이 행사는 예전에 다녔던 스타트업 행사나 IT 행사와 비슷한 느낌을 많이 받았습니다. 심지어 호주는 '정부관'까지 준비해 호주의 블록체인 사업을 정부 차원에서 홍보했습니다. 2018년의 침체기가 지나 거품도 빠지고 제도화가 준비되면서 정상화되고 있다는 것을 느꼈습니다. 그렇기 때문에 지난 5월에 개최되었던 뉴욕 Consensus 2019 행사에 참석한 것은 굉장히 뜻 깊었습니다.

일본 및 싱가포르에서 발표한 ICO 가이드라인에 대해서는
어떻게 생각하시나요?

2018년도 말에 일본 및 싱가포르에서는 ICO(Initial Coin Offering, 암호화폐 공개) 가이드라인이 발표되었습니다. 해외에서는 이러한 움직임도 있기에 한국에 있는 많은 사람들이 한국의 제도가 해외에 비해 많이 뒤처지고 있는 것을 우려합니다. 그런데 실제로 산업에서 업무를 해보면 차이가 크게 나지는 않습니다. 해외의 가이드라인은 굉장히 상식적인 선에 불과하기 때문에 이를 참조해 업무를 진행하기가 어렵습니다. 물론 가이드라인 발표가 암호화폐의 존재를 공식적으로 인정했다는 점에서 의의가 있다고 할 수 있습니다.

올해 있었던 블록체인과 암호화폐에 관련한 사건들 중에서
가장 의미 있는 사건을 무엇으로 보시나요?

저는 2019년 5월에 있었던 '비트코인 가격 상승'을 가장 의미 있었던 사건으로 봤습니다. 저희가 재작년 말부터 ICO 프로젝트와 블록체인 프로젝트를 가장 처음 자문하면서 한국에서 일어났던 초창기 프로젝트에 굉장히 많이 관여할 수 있었습니다. 대표적으로 메디블록(Medibloc)이라는 프로젝트가 있었고요. 한국 변호사가 담당하지는 않았지만 아이폰과 관련한 한국 쪽 이슈도 검토하며 조언을 드렸습니다. 이렇게 다양한 자문을 하다 보니까 업계에 소문이 나서 더 많은 프로젝트를 담당할 수 있었습니다. 비정상적이다 싶을 정도로 문의가 굉장히 많이 들어왔는데요. 일주일에 10건 이상씩 상담 문의가 들어왔습니다. 이때는 들어오는 문의를 거절하기 바빴던 시기였습니다. 문의들 중에서 70~80%는 '사기다 싶은' 프로젝트도 많이 있었습니다.

실제로 2018년 중반부터 대다수의 프로젝트들이 없어지기 시작했습니다. 2018년 말부터 다시 관련 문의가 조금씩 늘어나는 느낌을 받았는데, 그때까지는 암호화폐 가격이 오르지 않은 상황이었습니다. 그런데 문의 내용을 들어보면 예전과는 분위기가 다르다는 것을 느꼈습니다. 이전처럼 투자적인 관점에서만 접근하는 것이 아니었습니다. 동시에 이쪽 산업이 다시 활발해진다는 느낌을 받았고요. 그러더니 올해(2019년) 5월에 비트코인 가격이 상승했습니다.

2019년 6월에 페이스북(Facebook)의 리브라(Libra)가 발표가 된 것도 큰 사건이었습니다. 그전까지는 대중들이 이 분야의 실무와 원리까지 다 알고 접근하지는 않았습니다. "서너 달에 몇 배가 올랐대" "가격이 얼마나 상승했대" 등 단순히 가격적인 측면만 고려해서 접근했습니다. 지금도 네이버(Naver)의 댓글을 보면 "이 것은 사기다" "아직도 정신을 못 차리고 이런 거 하는 사람이 있 나?"라는 글이 많습니다. 한국의 금융사들과 증권사들 경우에는 블록체인과 관련된 TF가 거의 없는 것으로 알고 있습니다. 이를 준비하려고 많은 노력을 하고 있지만 정부의 눈치를 보느라고 TF 조차도 발족하지 못하는 것으로 알고 있습니다. 그런데 리브라가 들어오면서 암호화폐에 대한 인식이 바뀌었습니다. 제도권에 있는 사람들도 리브라 때문에 보폭이 넓어지게 되었습니다. 물론 그 뒤 에 중단을 시키느니 마느니 하는 얘기가 있지만, 세계에서 가장 큰 IT 공룡 중 하나인 페이스북이 암호화폐에 들어온 것은 큰 이정표 가 된 것 같습니다.

한국에서는 암호화폐를
제도화하려는 움직임이 전혀 없나요?

정부는 암호화폐에 대해서 인정하기도 부정하기도 어려운 상황인 것 같습니다. 일본의 경우에는 암호화폐를 인정하고 나서 암호화 폐의 거래가 많이 늘었다고 합니다. 일본 정부는 암호화폐가 위험 하니까 관리하겠다는 취지에서 제도권으로 가지고 왔는데, 국민은 정부가 인정한 자산과 투자 수단으로 인식했기 때문인데요. 한국 정부는 이러한 부분을 굉장히 조심하고 있고 "금융상품이 아니다" "이것은 위험하니까 정부는 책임질 수 없다" "ICO는 불법이다" 등

몇 가지의 반복되는 얘기만 하며 의도적으로 언급을 회피하고 있는 중입니다.

그런데 2019년 6월 '국제자금세탁방지기구(FATF)'에서 암호화폐 규제 권고안을 발표했습니다. 이 권고안이 국내 법령에도 반영이 될 것 같습니다. 현재 더불어민주당 박용진 의원실에서 개정안을 냈고요. 이외에도 의원들이 암호화폐와 관련된 입법안을 낸 게 10개 정도 있습니다. 박용진 의원의 법안 같은 경우에는 정부와 같이 만든 것으로 알고 있고 이를 올해 안에 통과시킨다는 얘기도 있습니다. 대중들은 이 규정으로 인해서 '크게 달라질까?'라고 생각할 수 있는데, 암호화폐와 관련된 금융실명제가 도입된다고 생각하시면 될 것 같습니다. 이로 인해서 암호화폐 취급 업소들이 자금 세탁 방지를 위한 다양한 노력을 하도록 규정이 될 예정입니다. 2019년 7월에 부산시가 '블록체인 규제자유특구'로 지정이 되었습니다. 이재수 부시장이 9월 3일에 벡스코(BEXCO)에서 진행된 행사에서 암호화폐, ICO 발행을 고려하겠다고 발표했다가 언론의 집중포화를 맞았는데 굉장히 열린 마음으로 블록체인 관련 산업을 육성하려고 생각하고 있습니다.

2019년 9월에는 세계 최대 금융그룹 중 하나인 ICE에서 선물거래 플랫폼인 '백트(Bakkt)' 서비스도 시작된다고 합니다. 제가 지금까지 말씀드린 것들은 어떻게 보면 암호화폐가 제도권 안으로 들어오는 내용들입니다. 그전까지는 몇몇 작은 스타트업과 특정 IT 혁신가들이 주도하는 느낌이었다면, 올해 있었던 사건들을 보면 암호화폐가 정부의 테두리 안으로 들어오고 있다는 느낌을 많이 받고 있습니다.

추가적인 말씀을 드리면 이 분야에서 열심히 일하는 분들도 많이 있지만 나쁜 사람들도 많은 것 같습니다. "눈 먼 돈을 확 당겨 본다"는 생각으로 여기서 돈을 벌기 위해 수단과 방법을 가리지 않는 분들이 많습니다. 이런 분들이 정제될 수 있도록 하는 것이 중요하다고 생각해서 대한변호사협회에서도 2020년 상반기 중에 미국과 싱가포르처럼 가이드라인을 발표하려고 합니다. 가이드라인을 통해서 정부에 입법을 촉구할 수 있도록 하고요. 일반 사업자들한테는 "어떤 부분에 대해서는 위법 소지가 있으니까 그런 행동을 하면 안 된다" "이런 부분에 대해서는 문제 될 소지가 없다" 같은 내용으로 법률가로서 법률 해석을 해주려고 합니다. 물론 저희가 사법기관이 아니기에 저희 말을 따르면 모든 게 인정된다는 것은 아닙니다. 가이드라인이 하나의 지침으로 작용할 수 있을 것 같아서 변호사 70여 명이 참석해서 작업 중에 있고 내년 상반기에 발표해서 한국의 제도화에 조금이라도 도움이 되고자 합니다.

이를 위해서 다른 나라의 가이드라인이나 입법안도 같이 검토하고 있습니다. 이 분야에서 조금이라도 건전하게 사업하시는 분들이 더 힘내서 사업을 할 수 있도록 하고 나쁜 마음을 가지고 있는 분들에게는 이런 것은 하면 안 된다는 경고를 하기 위해서 가이드라인을 발표할 예정입니다. 업계 관계자들은 이를 통해서 암호화폐가 제도권 안으로 어느 정도 포섭될 것이라고 예상합니다. 물론 이러한 과정들이 빨리 이루어질 것이라고는 생각하지 않습니다. 최소한 2~3년의 시간은 필요할 것 같고, 이 안에는 어느 정도 성과를 볼 수 있을 것 같습니다.

블록체인과 암호화폐와 관련한 업무를 하면서 느낀 점에 대해서 말씀 부탁드립니다.

앞서 말씀드렸듯이 예전보다 '돈 냄새'가 줄어든 느낌입니다. 처음에 ICO 자문을 할 때만 하더라도 200억, 300억은 큰 목표 금액이 아니었습니다. "어디는 500억을 모았다" "어디는 2,000억을 모았다"라는 얘기도 들었습니다. '저 회사가 어떻게 저런 돈을 모으지?' '저렇게 하면 사기인데'라는 생각이 든 경우도 많이 있었습니다. 예전의 ICO 회사들은 대부분 제도권에서 VC(Venture Capital) 투자를 못 받고 소비자들에게도 외면을 받았습니다. 그래서 블록체인이라는 것을 한 번 더 덮어서 대중들에게 자본을 모집하는 경우가 많았습니다. 저희한테 오는 회사의 한 관계자가 개발자가 없지만 돈을 모아서 뽑으면 된다고 말한 경우도 있었습니다. 저희는 자문을 안 했습니다. 그 프로젝트가 사기가 아니라는 확신이 없었기 때문입니다. 일어난 범죄에 대해서 변호를 해주는 것은 변호사의 의무이지만 '어떻게 하면 사기를 잘할 수 있을까'라는 것에는 가담할 수 없습니다. 기존에는 이런 프로젝트가 많았고 이들에 대해서는 자문을 거절했었습니다.

그러나 지금은 카카오(Kakao)나 라인(LINE) 등 대기업 상장사들도 ICO를 돈을 모으기 위한 수단보다는 자신의 플랫폼을 확장하거나 마케팅 수단으로 활용하는 것 같습니다. 그리고 FATF(국제자금세탁방지기구)의 권고안으로 '특정 금융거래정보의 보고 및 이용 등에 관한 법률' 개정에 따른 동법 시행령 개정안이 입법될 예정인데요. 이로 인해서 200~300개가 되는 한국의 토큰 거래소가 대부분 사라지는 등 많은 영향이 있을 것으로 보입니다. 개정되는 법의 조건에 부합하는 거래소가 거의 없기 때문입니다. 지금까지는 관여할 수 있는 수단이 없어서 정부가 이들에 대해서 방치하고 있는 상황이었다면 앞으로는 법률을 토대로 정부 차원에서 많은 관여를 할 것이라고 생각합니다.

블록체인과 암호화폐를
어떻게 전망하시나요?

개인적으로 이들의 전망을 상당히 좋게 보고 있습니다. 다만 저는 블록체인이 만능은 아니라고 생각합니다. 세상을 바꾸는 데 기여는 하겠지만 모든 문제를 풀 수 있는 엄청난 도구(Tool)라고는 생각하지 않습니다. 수많은 IT 기술 중 한 가지라고 생각합니다. AI(Artificial Intelligence, 인공지능)가 우리 세상을 많이 바꾸고 있는 것처럼 블록체인도 세상을 바꾸는 데 가치관 측면이나 기술적인 측면에 도움을 줄 것입니다. 대기업들이 가진 권력의 일부를 일반 대중들에게 넘기는 데도 기여할 것이라고 봅니다.

라인(LINE)이 2019년 9월 6일에 미국에서 거래소 인가를 받았습니다. 이렇게 큰 기업들이 이 분야에 조금씩 들어오면서 암호화폐가 실제 생활에서 많이 쓰이는 모습을 보여주고 제도권 안으로도 포섭될 것으로 보입니다. 시장도 정상화될 것으로 예상합니다. 프로젝트를 자문하다 보니까 프로젝트 관련된 계약서들을 볼 기회가 많은데요. 이전까지는 굉장히 거품이 많은 시장이었다고 생각을 합니다. 마케팅 회사라든지 에이전트라든지 몸값이나 요금(fee)이 어떨 때는 '0'이 하나가 더 붙었습니다. 그런데 거품이 많이 꺼지면서 암호화폐를 통해 쉽게 돈을 벌 수 있다는 인식이 줄어들고 있는 것 같습니다. 현재는 열심히 일한 사람이 그만큼의 대가를 받으면서 시장이 정상화되고 있는 과정에 있다고 생각합니다. 그렇게 될수록 암호화폐로 인한 피해는 줄어들고 산업을 위한 발전은 계속될 것이라고 예상합니다.

* 관련 내용은 GBA Korea 2nd Block-talk 콘퍼런스에서 발췌되었습니다.

공공 분야 및 정부 기관의
블록체인 도입 현황 및 향후 전망

대니얼 임

하이퍼레저 그룹 워싱턴 D.C. 지부 대표, GBA 아시아 헤드

간단한 자기소개를 부탁드립니다.

저는 미국 워싱턴 D.C.에서 GBA(Government Blockchain Association) 아시아 헤드와 하이퍼레저(Hyperledger) 그룹의 워싱턴 DC지부 대표를 맡고 있는 임현국(대니얼 임)입니다. 어렸을 때 가족들과 함께 미국으로 이민을 왔고 미 해군 장교로 복무 후 공공 분야에서 경영 컨설턴트로 커리어를 시작했습니다. 이때 데이터의 매력을 알게 되었는데요. 이후에는 데이터 사이언티스트(Data Scientist)로서 여러 공공 기관의 프로젝트를 진행하면서 블록체인이라는 기술을 처음으로 접했습니다. 당시에 블록체인 기술이 데이터 통합과 보안 데이터 공유를 위한 혁명적인 도구가 될 수 있을 거라고 생각했습니다. 현재도 데이터와 관련한 일을 하고 있고 블록체인 기술을 활용하는 여러 프로젝트도 관리하고 있습니다. 인터뷰에 앞서 제가 말씀드리는 정보는 미국 정부의 기밀 또는 어떠한 단체의 입장도 아니며 저의 개인적인 견해임을 밝힙니다.

블록체인 기술이 현재 공공 분야에서
어떻게 도입되고 있나요?

우선 미국 주 정부의 몇 가지 대표적인 사례에 대해서 말씀드리 겠습니다. 현재 여러 연방 기관들이 프로토타입 프로젝트를 진행하고 있는데요. 그중에서도 미국 총무청(General Services Administration)이 진행하고 있는 블록체인 프로젝트를 간단히 설명드리겠습니다. 총무청은 특성상 수많은 기업과 거래를 하며 계약을 맺습니다. 정부가 필요한 물건이나 서비스에 대해서 공고를 내면 여러 기업이 정부에게 사업제안서를 제출합니다. 예를 들어 총무청이 수천 개의 연필이 필요하다고 공고를 내면 기업들은 자신의 제품이 타사보다 우수한 최상품이라는 점을 정부에게 피력하는 거죠. 모든 제안서들은 공무원들이 직접 검토를 하는데요. 정부가 구입하려는 물건이나 서비스에 따라서 때로는 수백 개의 회사에서 제안서를 받을 때도 있습니다. 그렇기 때문에 이 과정은 많은 공무원의 노동력을 필요로 합니다. 따라서 이 과정에 블록체인 기술을 적용해 제안서 검토 과정의 시간을 줄이고 재화 조달의 정확성을 높이기 위한 프로젝트를 진행하고 있습니다. 이

외에도 국토안보부(Department of Homeland Security), 보건복지부(Department of Health and Human Services), 국방부(Department of Defense) 등 여러 연방 기관들은 공급망과 디지털 기록을 효율적으로 관리하기 위해 블록체인 기술의 잠재력을 시험하는 프로젝트들을 진행하고 있습니다.

개발도상국에서는 암시장에서 이루어지는 위조품 거래 문제가 심각합니다. 위조지폐나 가짜 명품 생산도 문제지만 특히 불법 복제약 문제가 심각합니다. 우간다의 경우에는 불법 복제약으로 인해서 매년 약 25만 명의 어린이들이 목숨을 잃고 있습니다. 이처럼 개도국에서는 쉽게 치료될 수 있는 평범한 질병인 말라리아나 폐렴에 걸린 아이들이 불법 복제약 복용으로 병을 제대로 치료하지 못해서 숨지는 상황이 빈번하게 발생하고 있습니다. 올바른 약물 복용과 기초적인 치료로 특별한 문제 없이 충분히 생존할 수도 있는데 말이죠.

우간다 의약품안전처(National Drug Authority)는 자국에서 판매되는 약의 10% 정도가 위조품이라고 발표했고 2019년 3월부터 위조약을 근절하는 캠페인을 시작했습니다. 이 일환으로 영국의 메디커넥트(MediConnect) 회사와 블록체인 기술을 활용한 프로토타입 프로젝트를 진행할 예정이라고 밝혔습니다. 이 프로젝트는 몇 년 전 월마트와 IBM이 진행했던 블록체인을 활용한 식품유통관리 프로젝트와 비슷하다고 보면 될 것 같습니다. 다른 점이 있다면 유통관리의 대상입니다. 식품유통관리 프로젝트는 시중에서 판매되는 망고가 어느 농장에서 왔는지 추적했던 것이라면 우간다 정부가 추진하는 프로젝트는 같은 방법으로 국민들이 의사에게 처방받은 약이 어느 제조사에서 왔는지 추적하는 것입니다.

싱가포르 정부는 블록체인 기반인 오픈서트(OpenCerts)라는 플랫폼을 개발해 디지털 증명서를 확인할 수 있는 프로젝트를 진행 중이라고 밝혔는데요. 싱가포르의 18개 대학교들도 이를 통해서 졸업장을 수여할 수 있도록 하는 등 증명서 발급에 있어서 보안을 유지하며 행정적 절차가 간편해질 것으로 기대됩니다. 이러한 유스 케이스(Use Case)는 졸업장같이 종이로 발행된 증명서들이 쉽게 복사나 위조를 할 수 있고 분실의 가능성이 크다는 문제점에 착안해 만들어졌습니다. 물론 디지털 증명서들은 이러한 문제점을 해결할 수 있지만 증명서의 기록들을 유지하는 데이터베이스가 해킹을 당할 수 있다는 단점이 있습니다.

하지만 블록체인을 활용한다면 상황은 달라집니다. 졸업생들이 구직 시 고용주에게 자신들의 학위를 증명할 때 전자 허가서를 주고 자신들의 개인 정보에 일시적으로 접근할 수 있도록 하는 거죠. 이러한 케이스 외에도 신분증명에 블록체인을 활용할 수 있습니다. 에스토니아 정부는 공공 기록들을 블록체인 기술을 이용해 안전하게 보관하고 필요한 경우 접근 권한을 국민들에게 주어 이러한 기록들을 열람할 수 있도록 하고 있는데요. 국민에게 발행하는 신분증이나 건강관리 기록, 세금 납부 기록 등을 블록체인 기술을 이용해서 암호화 및 디지털화하여 보관할 수 있습니다. 국민들이 전자 투표를 할 수 있다는 것도 주목할 만한 점인데요. 정부가 블록체인으로 안전하게 보관하고 있는 개인정보를 확인할 수 있고 이러한 기술은 분산원장에 근간하고 있기 때문에 다른 나라의 투표시스템보다도 더 투명하다고 볼 수 있습니다.

블록체인이 공공 분야에서
어떤 가능성을 갖고 있나요?

2008년 블록체인이 처음으로 세상에 알려졌을 때 많은 개발도상국에서는 블록체인을 통해서 청렴하고 독립적인 정부 시스템을 만들 수 있을 거라고 기대했습니다. 정부와 공무원들의 부패가 심해서 더는 정부를 신뢰할 수 없으니 블록체인이라는 조작할 수 없는 기술을 이용하면 이를 해결할 수 있을 거라고 생각했기 때문인데요. 특히 암호화폐에 대한 기대는 더욱 컸습니다. 토지소유권 등록이나 디지털 신분증명을 사용하는 것은 정부가 해야 할 일들을 국민이 맡아서 직접 하겠다는 시도였죠. 쉽게 말씀드리면 블록체인의 등장이 '국민들이 만들어낸 시스템' 과 '국가의 시스템'의 대결 구도를 형성한 기예요. 이러한 상황에서 국민 vs 국가 또는 국가를 불신하는 국민 vs 그들을 억제하는 국가의 구도가 현실화될 수밖에 없었죠. 하지만 10년이 지난 오늘날에는 시민들이 독립적으로 사용하려고 했던 블록체인 기술을 오히려 정부가 사용하고 있습니다. 대표적인 사례로 개념 증명 프로젝트가 있고요. 이러한 변화의 결과는 혁명적이라고 할 수 있을 정도로 긍정적입니다. 에스토니아는 2007년에 정부 네트워크가 해킹당하면서 국가의 모든 디지털 인프라가 마비되었습니다. 이후에 디지털 인프라를 블록체인 기반으로 바꾸면서 사이버 보안을 강화한 정부 네트워크를 만들었고 국민들의 신뢰도 회복할 수 있었습니다. 현재 에스토니아 국민들은 정부가 블록체인 기반의 정부 네트워크를 만들어서 개인정보를 원할 때마다 열람할 수 있어서 편리하고 보안성도 강화돼 신뢰할 수 있다고 얘기합니다.

2017년에 발표된 '두바이 블록체인 전략'은 두바이 당국이 시민들에게 제공하는 모든 공공 서비스를 블록체인 기술을 이용한 디지털 거래를 통해서 제공한다는 혁신 이니셔티브를 담고 있습니다. 정부 운영에는 종이를 이용하는 서류가 많고 이를 확인하기 위한 단순한 노동 집약적 업무들에 소요되는 근무시간도 많습니다. 이를 블록체인 기술과 디지털의 힘을 빌려서 줄일 수 있다고 보고 두바이 당국은 정부를 운영하는 데 있어서 연간 2,500만 시간 또는 15억 달러를 절감할 수 있다고 예측합니다. 비자 발행 업무와 두바이 국제공항의 입국 심사 업무에 블록체인 기술을 활용해 보안성을 높여 여행객들이 안전하고 신속하게 두바이를 방문할 수 있도록 하는 것도 목표라고 밝혔습니다. 이러한 목표들이 달성된다면 두바이의 변호사, 회계 법인, 은행원, 이민관, 공무원들의 일이 혁신적으로 줄어들 겁니다. 더불어 두바이 당국은 문서 등을 보관 및 관리하는 단순한 업무를 줄여 업무의 효율성을 극대화함으로써 두바이를 세계에서 가장 행복한 도시로 만드는 것이 목표라고도 밝혔습니다.

블록체인 기술을 공공 분야에서 가장 오랫동안 사용한 에스토니아 정부의 경험을 바탕으로 많은 국가가 더 나은 정부 운영을 위해서 블록체인을 어떻게 활용할 수 있을지 고민하는 것이 필요합니다. 블록체인 기술들을 규제하고 제한하기보다는 관련 연구 및 프로토타입 프로젝트들을 계속해서 진행한다면 에스토니아 정부의 사례에서 봤던 것처럼 유의미한 결과들이 나올 수 있을 것으로 생각합니다.

블록체인은 과연 어느 시점에
공공 분야 및 정부 기관에서 상용화 될 수 있을까요?

구글 트렌드의 타임라인을 보면 2017년 상반기까지 블록체인 기술은 크게 주목을 받지 못했습니다. 아직까지도 정체를 알 수 없는 사토시 나카모토(필명)가 발행한 'P2P 전자화폐 시스템'이라는 제목의 비트코인과 블록체인의 개념을 설명하는 백서가 발행된 후 블록체인이 대중들에게 주목을 받기 시작했습니다. 즉 블록체인 기술의 등장 후 대중의 주목을 받기까지 10년이라는 시간이 걸린 거죠. 이러한 현상은 인터넷이라는 '거대한 도구'가 등장할 때도 동일했다는 것에 주목할 필요가 있습니다. 인터넷은 1960년대 후반 미국 국방부에서 아파넷(ARPANET)이라는 프로젝트로 처음 사용되었는데요. 이후 대중들에게 상용화될 때까지 약 25년이라는 오랜 시간이 소요됐습니다. 블록체인도 거대한 기반 기술이기에 인터넷처럼 상용화되기 위해서는 시간이 필요할 것이고 이는 자연스러운 과정으로 생각됩니다. 개인적으로도 블록체인 기술이 단시간에 혁명적으로 우리의 삶을 바꿀 수 있다고 생각하지 않습니다. 세계는 각국의 문화와 오랜 시간에 걸쳐 만들어진 시스템을 바탕으로 돌아가고 있습니다. 그렇기 때문에 문화와 시스템을 바꾸기 위해서는 충분한 시간이 필요하다는 것을 명심해야 합니다.

개인적으로 2017년에 미국 이외의 다양한 정부 및 공공 분야에서 가장 많은 백서가 발행되었다고 느꼈습니다. 당시에 비트코인을 비롯한 암호화폐와 블록체인 기술에 대한 대중들의 관심이 가장 많았고 이 때문에 관련 연구 활동들도 활발하게 이루어졌는데요. 2018년에는 개념 증명을 바탕으로 한 프로젝트들이 진행된다는 소식을 많이 접했고, 2019년에는 다음 단계로 넘어가는 프로젝트들이 이루어지고 있다고 들었습니다. 반면에 블록체인에 대한 실망의 목소리도 들려왔는데요. 더 이상 블록체인 기술에 투자하지 않겠다는 단체와 시장의 흐름을 지켜보겠다는 의견도 있었습니다. 가트너의 하이퍼 사이클(Hyper Cycle, 새로운 기술에 대한 관심도를 분석한 그래프)을 보면 블록체인 기술은 아직 '환멸 단계(Trough of Disillusionment)'에도 도달하지 못한 것으로 보입니다. 그럼에도 불구하고 긍정적인 점이 있는데요. 블록체인 기술이 '부풀려진 기대의 정점(Peak of inflated expectations)' 단계에서는 벗어났습니다. 여러 프로토타입 프로젝트도 거치면서 실망스러운 점들이나 결함들이 드러났고 앞으로는 이러한 부분들이 개선되면서 더욱더 성숙된 기술로 발전할 수 있을 것입니다.

아시다시피 정부 및 공공 분야의 산업은 매우 큰 사이즈를 가지고 있습니다. 물론 기술 자체가 발전해야 하고 비용 문제도 개선되어야 하지만 무엇보다도 블록체인처럼 부상하는 기술을 지원할 수 있는 기본적인 공공 정책도 뒷받침되어야 합니다. 가트너의 하이퍼 사이클은 2017년 블록체인 기술이 주류로 인식될 때까지 5년에서 10년이 소요될 것이라고 보여주지만, 공공 분야에서는 상업 분야에서보다 더 오랜 시간이 필요하기에 2025년과 2030년 사이에 보편화 및 상용화되지 않을까 생각합니다. 이러한 과정에서 중요한 것은 성공적인 프로젝트들이 여러 상용화 사례를 만들기 전에 많은 실패를 겪어봐야 한다는 점입니다. 이를 위해서는 정부 기관의 많은 투자와 지원이 필요합니다. 고비용의 개념 증명 프로젝트들이 아니더라도 여러 종류의 작은 베타 테스트를 하다 보면 차츰 블록체인 기술이 개선되고 발전하면서 완성도를 높여나갈 수 있을 것입니다.

마지막으로 하고 싶은 말이 있으신가요?

앞서 말씀드렸듯이 지난 1~2년 동안 블록체인 기술에 대한 대중의 관심이 낮아졌습니다. 이런 시기에 기술자로서 해야 할 가장 중요한 일은 낙관적인 자세로 조심스럽고 꾸준하게 유스 케이스를 발굴하고 기술의 발전을 이루는 것입니다. 그렇지 않고 하이퍼 사이클에서 보이는 '계몽 단계(Slope of Enlightenment)'나 '생산성 안정 단계(Plateau of Productivity)'에서 기술 발전을 위한 노력을 들인다면 시대에 뒤처지는 헛수고가 될 수 있어요. 1995년 빌 게이츠가 데이비드 레터먼이 진행하는 NBC 토크쇼에서 인터넷에 대해서 설명하려고 한 적이 있습니다. 당시 빌 게이츠도 인터넷의 개념만 이해했을 뿐 20~30년 후 미래에서 인터넷이 어떻게 사용될지 상상하기 힘들었을 겁니다. 오히려 오늘날 초등학생들이 90년대 컴퓨터공학 전문가인 빌 게이츠보다 더 정확하고 간결하게 인터넷에 대해서 설명할 수 있을 거라고 생각합니다. 이렇듯 다음 세대에게는 블록체인은 보이지 않지만 우리 사회와 수많은 사람의 삶에 큰 도움이 되는 한 가지 기술로 인식될 겁니다.

INTERVIEW

IT 공룡들의 블록체인
기술 활용 현황

국내 Top 블록체인 업체 디렉터
(익명 요청)

본인의 이력과 현재 소속 기관에 대해서

소개 부탁드립니다.

안녕하세요? 저는 글로벌 컨설팅 회사에서 경영 컨설턴트로 커리어를 시작했습니다. 컨설팅 시절 금융 쪽 프로젝트를 많이 했었는데요. 그러다가 우연히 국내 금융그룹의 액셀러레이터 프로그램을 디자인하는 프로젝트를 맡게 되었습니다. 이 프로그램의 첫 번째 배치(Batch)로 참여한 회사 중 하나가 제가 현재 근무하는 회사였는데요. 이 만남이 인연이 되어 블록체인 업계에서 새로운 커리어를 시작하게 되었습니다.

국내 대기업들이 블록체인을 활용하려는 이유를
무엇으로 보시나요?

호기심과 마케팅 효과가 가장 큰 이유인 거 같습니다. 유명한 일화가 있는데요. 블록체인과 관련 없는 회사가 회사 이름에 블록체인을 붙인 뒤 주식의 가치가 여섯 배 상승한 적이 있었습니다. 컨소시엄 모델의 경우에는 기존의 거버넌스로 불가능했던 것들을 가능하게 해주다 보니 여러 주체가 모여서 기회를 만들고 있는데요. 데이터 소유권이나 이를 공유할 수 있는 플랫폼이 그 예시입니다. 또한 대기업은 블록체인을 통해 혁신의 속도를 높이고 기존에 이루지 못한 이상을 실현하는 새로운 기회로 삼고 있습니다. 대기업은 구조적 특성상 의사결정의 과정이 느린데요. 이를 보안하기 위해 새로운 컨소시엄을 만들어 좀 더 유연한 운영 체계를 갖추거나 새로운 의사결정 체계를 구축하고 있습니다. 대부분의 국내 대기업들은 오너의 결정에 따라서 일사불란하게 움직이기 때문에 오너의 의지만 있다면 계열사 모두가 블록체인을 도입할 수 있는 환경이 갖춰지기도 합니다.

반면에 영국이나 미국 등 외국에서는 기업 이사회를 통과해야 하는 등 많은 난관이 있고 논쟁만 하다가 끝나는 경우가 많습니다. 그러다 보니까 국내 대기업들은 테스트베드(Testbed)나 PoC(Proof of Concept) 등을 효율적으로 진행할 수 있다는 장점을 가지고 있습니다.

추가로 기업들이 블록체인을 대하는 관점에 대해서 말씀을 드리면요. 초창기에는 기업들이 호기심으로 블록체인에 접근했다면 지금은 '정량적인 수요 가치'를 찾자는 마인드로 블록체인에 접근하고 있습니다. 예전에는 그냥 넘어갈 수 있었던 부분도 이제는 로직 (Logic)을 설계해 숫자와 같은 객관적인 수치로 설득하는 것이 필요해졌습니다. 다른 패널들이 말씀했듯이 '사업에 블록체인이 꼭 쓰여야 하는지'에 대한 의문을 해결해주어야 하는 때가 온 것입니다. 블록체인의 효용 가치에 대해 증명을 해야만 블록체인의 의미가 커지는 시대가 도래했다고 생각합니다.

다수의 글로벌 대기업들이 블록체인 프로젝트에
참여하고 있는 것에 대해서 어떻게 생각하시나요?

대기업들의 블록체인 도입은 블록체인 기술의 발전, 블록체인 기술의 상용화, 그리고 암호화폐 시장에 긍정적인 영향을 미칠 거라고 생각합니다. 그래서 선례를 어떻게 남기는지가 굉장히 중요한 시점인 것 같은데요. 좋은 방향으로 도입이 되면 좋겠지만 그렇지 않을 때의 위험에 대해서도 생각해야 합니다. 특히 페이스북의 리브라(Libra)나 라인의 링크(Link)만 하더라도 파급력이 너무 큽니다. 여기에 모든 사람의 일상이 연결되어 있기 때문인데요. 따라서 블록체인이 큰 파급력을 가진 대기업에 침투되었을 때 어떤 효과를 가질지에 대해서는 충분한 시간을 갖고 분석하면서 지켜봐야 할 것 같습니다.

거품을 비롯한 향후 전망에 대해서는
어떻게 생각하시나요?

지금 블록체인 기술에서는 거품이 빠졌다고 생각합니다. 거품이 낀 것은 이전의 암호화폐 시장이었다고 생각하고요. 현재는 기업에 도입된 블록체인 기술을 어떻게 사용할지 실험을 하는 단계라고 생각합니다. 지금은 기업들이 제품과 기술에 대해서 명확한 이해를 한 상태이기에 여기에 맞는 활용 방법을 정해서 접근하는 게 추세인 것 같습니다. 예전에는 카드사의 제안서 제목이 "카드 생태계를 바꾸겠다"라는 식의 추상적인 수준이었습니다. 그러나 지금은 굉장히 명확합니다. 기대치도 조정이 되면서 목적이 분명해졌습니다. 변수는 기술이 계속 발전하면서 이를 계속 학습해야 한다는 점이고요. 기업들도 생각보다 많은 준비가 되었다는 생각이 듭니다.

대중의 블록체인 수용도를 높이기 위한 방법으로는
무엇이 있을까요?

사용자가 누구냐에 따라서 방법이 달라질 것 같습니다. 퍼블릭 블록체인 위에 올라가는 애플리케이션인 디앱(DApp, 탈중앙화 분산 애플리케이션)을 보면 소비자용 디앱으로써 많은 사람이 사용하기에는 아직까지는 디앱의 UI · UX가 어려운 것 같습니다. 그래서

'뱅크샐러드'나 '토스' 등 기존에 잘 사용하고 있는 애플리케이션을 대신해 어려운 UI · UX를 감수하고 새롭게 사용할 이유가 없고, 이유가 있다면 이에 상응하는 '보상'이 있어야 할 것 같은데요. 이러한 보상은 '암호화폐 거래' 등이 될 것 같습니다. 이외에도 디앱들은 보완해야 할 부분이 많은 것 같습니다. ICO를 진행하는 회사들이 이러한 부분을 보완할 수 있는 상황도 아니기에 당장은 통상적으로 사용되는 커머스 앱 등이 디앱화되기에는 넘어야 할 산이 많은 것 같습니다. 그럼에도 불구하고 기업용 기능을 디앱화해서 쓰는 시점이 오면 더 많은 성공 사례들이 나올 수 있다고 생각합니다.

* 관련 내용은 GBA Korea 2nd Block-talk 콘퍼런스에서 발췌되었습니다.

암호화폐의 현재와 미래

강민승 대표
코박(Cobak)

김태균 파트너
디콘(Decon)

김기영 대표
GBA 한국 지부, 줄라마코리아

본인의 이력과 현재 소속 기관에 대해서 소개 부탁드립니다.

> **강민승 대표**   안녕하세요? 코박(Cobak)을 운영하고 있는 강민
> 승이라고 합니다. 코박은 암호화폐 포털 서비스를 운영하여 유저
> 들에게 유익한 정보들을 빠르게 전달하려고 노력하고 있습니다.
> 또한 암호화폐 지갑을 저희의 핵심 기능으로 운영하는 중입니다.

이 지갑을 토대로 에어드랍(Airdrop)[19]을 약 60억 원 정도 보유하고 있고 토큰 세일도 수치적으로 약 100억 원 이상 보유하고 있습니다.

김태균 파트너　안녕하세요? 디콘(DECON)의 김태균(Charles Kim)입니다. 저는 미국에서 경제학을 전공했고, 한국으로 돌아와 통역장교로 입대했습니다. 그 과정에서 컴퓨터 사이언스와 코딩에 관심을 갖게 되었고 그 관심이 블록체인까지 이어졌습니다.

이후에 블록체인과 관련된 강연과 리서치를 하다가 ICO 거품이 정점을 찍었던 2017년에 우리나라에도 리서치 능력과 암호화폐 관련 프로젝트의 검증 능력을 모두 갖춘 곳이 필요하다는 생각을 했습니다. 그래서 작년 4월에 서울대학교 블록체인 학회인 디사이퍼(Decipher)와 국내의 블록체인 스터디 커뮤니티인 논스(Nonce)의 핵심 멤버들이 모여 창업했습니다.

디콘은 블록체인 기술 자본 회사로 블록체인 네트워크를 설계해 주는 블록체인 아키텍처(Blockchain Architecture)와 전략 컨설팅을 핵심 서비스로 제공하고 있습니다. 제가 알기로는 디콘이 국내에서 가장 많은 블록체인 프로젝트에 자문을 제공했습니다.

19　특정 암호화폐를 보유한 사람에게 투자 비율에 따라 신규 코인이나 코인을 무상으로 지급하는 것을 뜻한다.

암호화폐가 반등하는 추세를 보이고 있다고 하는데, 암호화폐의 전망을 어떻게 보시나요?

김기영 대표　단적으로 말씀 드리면 알트코인(Altcoin)[20]은 중장기적으로 기회가 거의 없을 것이라고 생각합니다. 애초에 알트코인은 큰 수요를 확보한다는 전제로 운영되는 경우가 많고, 이를 달성하기 위해서는 방대한 양의 자금, 인력, 시간을 필요로 합니다. 스타트업과 같이 작은 기업들에게는 버거울 수밖에 없다는 뜻이죠. 많은 백서들을 읽어봤지만 성공적으로 구현이 가능할 것 같은 프로젝트는 극소수에 불과했습니다.

반면 비트코인에게는 기회가 있을 수도 있을 것 같다고 생각합니다. 가장 큰 변수는 '기관 투자'입니다. 2018년 초 비트코인이 2,600만 원을 돌파했을 때는 '기관'들의 역할보다는 '개인'의 역할이 더 컸습니다. 하지만 지금은 얘기가 다릅니다. 미국 금융 기관들은 이미 착실한 준비를 하고 있죠. 뉴욕증권거래소(NYSE)를 소유하고 있는 세계 최대 거래소 그룹인 ICE가 준비한 백트(Bakkt)와 같은 암호화폐 플랫폼 등을 통해 기관들도 적극적으로 참여할 수 있는 채널이 생기고 있습니다. 다만, 비트코인이 화폐를 대체할 수 있는지는 다른 차원의 질문이라고 생각합니다. 비트코인의 펀더멘털(Fundamental), 즉 기술적 완성도에는 여전히 의문부호가 붙습

20　비트코인의 후발 암호화폐들을 칭하는 용어로 일반적으로 비트코인 외의 모든 암호화폐들을 지칭한다.

니다. 펀더멘털 없는 상승은 결국 버블일 수 있겠으나, 투자의 관점에서 접근한 것이니 참고해주시길 바랍니다.

김태균 파트너　현재의 ICO 프로젝트에 대한 전망은 부정적입니다. 2015년부터 장밋빛 미래를 제시한 ICO 프로젝트 중에서 4%만 개념 증명을 통해 제품을 구현했습니다. 계속 추진하는 프로젝트들도 있지만 갑자기 자취를 감춰서 사라지는 프로젝트들도 많습니다. 그래서 알트코인은 미래가 없을 수도 있다고 생각하고요. 현재는 대기업들의 도약이 트렌드인 것 같습니다. 작년 초부터 라인(LINE)과 카카오(Kakao) 등 대기업들이 블록체인에 관심을 가지고 각자가 만들 수 있는 해결책을 강구하기 시작했어요. 가장 좋은 예가 9월 6일에 출시된 '클레이튼폰(Klaytn Phone)[21]'입니다. 우리나라에서 하드웨어 부분에서 선두 주자인 삼성전자와 IT 분야에서 선두 주자인 카카오가 협업한다는 측면에서 제가 추측하고 있는 대기업들의 도약 사례입니다.

강민승 대표　코박이 암호화폐 커뮤니티로 코인 시세를 다루는 서비스를 제공하기에 암호화폐의 추세에 대해 명확한 견해를 드리는 것은 어렵습니다. 다만, 풀리는 듯싶었던 시장이 다시금 얼어

21　클레이튼(Klaytn): 카카오의 자회사인 그라운드X가 개발한 퍼블릭 블록체인 플랫폼이다. 클레이는 클레이튼에 연동된 암호화폐로 클레이튼 네트워크상에서 제공되는 블록체인 기반 서비스를 이용하거나 블록체인 기반 디지털 자산을 거래할 때 이용할 수 있다.

붙는 느낌이 듭니다. 대부분의 거래량이 자전 거래로 일어나고 있어서 시장이 더 얼어가고 유저들의 관심도 식어가는 것 같습니다. 몇몇 냉소적인 업계 관계자들은 5년 정도를 기다려야 시장이 풀릴 것이라고 예측합니다. 페이스북(Facebook) 같은 큰 기업들이 이 산업에 본격적으로 들어오기 위해서는 수치로 5년이라는 시간이 필요하기 때문입니다. 그럼에도 지는 비트코인(Bitcoin)에 대한 믿음은 있습니다. 동시에 대기업들이 시세에 대해서 고민을 하는 것이 아니라 가치를 만들고 이를 평가받는 것에 고민하는 모습을 기대하고 있습니다. 이를 위해서 필요한 시간을 3~6년으로 보고 있고요. 그런데 대부분의 프로젝트는 회사의 가치를 올리는 것이 아닌 암호화폐의 시세를 올리려고 합니다. 안타깝게도 시세를 올리는 것은 미래의 가치를 당겨서 쓰는 것이다 보니까 시세가 6개월 정도 유지되다가 거품이 꺼집니다. 물론 지금의 가격을 어떻게 방어할지 고민하는 프로젝트도 있는데, 이는 사기를 치려는 것은 아닙니다. 프로젝트를 하는 분들이 주변으로부터 압박을 받으니까 이에 대응하기 위해 하는 행동들이 기이하게 비치는 것 같습니다.

**이더리움(Ethereum)과 같은 2~3세대 암호화폐는 무엇이며
이에 대해서는 어떻게 생각하시나요?**

김태균 파트너　　우선 1세대, 2세대, 3세대를 정확하게 정의하는

것이 중요한 것 같습니다. 1세대가 '비트코인'이었고 2세대는 '이더리움'이었다는 것에 모두 동의할 거예요. 이를 구분하는 기준은 크게 '기능'과 '거래 내역 구조'인데, 거래 내역 구조는 너무 테크니컬(technical)해서 기능에 대해서만 설명해 드리겠습니다. 기존의 비트코인은 코인을 거래하고 거래 내역을 장부에 기록하는 역할만 했습니다. 하지만 이더리움에서는 EVM(Ethereum Virtual Machine)이라는 가상의 기계를 탑재하여 코인 거래뿐만 아니라 계약을 체결해주고 다른 참가를 위해서 코드를 돌려줄 수 있는 역할까지 겸비하면서 기능이 더 확장이 되었다고 생각합니다.

3세대 암호화폐에 대해서는 여러 의견이 있는데요. 다수의 전문가는 이오스(EOS)와 같은 프로젝트들을 3세대 블록체인이라고 부르기도 합니다. 하지만 제 생각에는 이오스는 이더리움의 문제점을 개선한 부분들이 분명 있지만 3세대로 칭하기는 어렵다고 봅니다. 저는 기능적인 면을 봤을 때 1세대와 2세대를 엮어주는 '인터 블록체인(Inter Blockchain)'을 3세대라고 생각합니다. 가장 잘 알려진 프로젝트로는 코스모스(Cosmos), 국내의 아이콘(ICON), 웹3 파운데이션(Web3 Foundation)에서 추진하고 있는 폴카도트(Polkadot)가 있습니다. 하지만 이 기술들은 아직 시작 단계에 머물러 있고 더 많은 개선이 필요하다고 봅니다.

김기영 대표   블록체인이라는 것은 인터넷과 같이 하나의 거대한 '기반 기술'이라고 생각합니다. 인터넷의 사례에서 봤듯이, '기반 기술'은 한 번에 완성된 형태로 나타나지 않습니다. 블록체인도 마찬가지예요. 비트코인이라는 암호화폐를 통해 블록체인이라는 기술이 세상에 공개되었지만, 비트코인이 기반으로 하는 1세대 블록체인 기술은 완벽함과는 거리가 있습니다. 인터넷이 그러했듯 블록체인 기술도 꾸준히 진화해야 하고요. 이것에 대한 좋은 사례가 바로 2세대 블록체인인 '이더리움'이었습니다. 이더리움은 비트코인이라는 1세대 암호화폐의 문제점을 해결하기 위해서 등장했고 기존의 문제점들을(전송 속도, 블록 사이즈 개선 등) 상당 부분 해결했습니다. 하지만 이더리움을 기반으로 하는 2세대 블록체인 역시 완벽하지는 않았습니다. 거래 속도와 시스템 안정성 등이 인터넷과 비교했을 때 여전히 부족합니다. 비단 저뿐만 아니라 다수의 전문가도 생각하길, 블록체인이 완성되기 위해서는 "블록체인은 보이지 않아야 한다"라고 생각합니다. 예를 들어, 우리들이 인터넷을 할 때 뒤에 들어가는 기술들을 생각하지 않듯이, 블록체인도 이 정도 수준까지 올라가야 완전한 기술이 될 것 같아요. 이를 위해서는 2세대와 3세대가 계속 나와야 하고 이러한 관점에서 이더리움과 이오스는 의미 있는 프로젝트였습니다. 그럼에도 불구하고 이들 역시 완성된 프로젝트는 아니라고 봅니다.

강민승 대표　　이더리움의 스마트 계약(Smart Contract)은 많은 이들에게 큰 반향을 일으켜 꿈을 줬던 사례인 것 같고요. 이더리움은 의미 있는 용례(Use Case)를 제시했다고 생각합니다. 그런데 이다음부터는 잘 모르겠는데요. 저는 '세대'라는 것은 결국 시간이 지나서 정의가 되는 것이라고 봅니다. 저희 같은 경우는 이오스를 기반으로 서비스를 런칭했지만 많이 쓰이지 않았습니다. 이오스의 시스템이 아직까지 너무 어렵고 이를 알려주는 사람도 없기 때문인 것 같습니다(일반 사용자가 쓰라고 만든 수준이 아닌 것 같다는 생각까지 들었습니다). 분명히 이오스와 같은 프로젝트들이 유의미한 결과물을 만들기도 했지만 여전히 개선되어야 하는 부분들이 많고 사용자로서 아쉬움도 많은 것이 사실입니다.

암호화폐의 사용 사례에 대해서 말씀 부탁드립니다.

김태균 파트너   저는 토큰을 암호화폐라기보다는 '암호 자산'이라고 생각합니다. 이더리움과 같이 특정 서비스를 사용하기 위한 것을 '유틸리티 토큰(Utility Token)'이라고 하고요. 증권을 토큰화하면 '시큐리티 토큰(Security Token)'이라고 하고, 결제 수단으로 사용된다면 가치 한정화가 내재된 '스테이블 코인(Stable Coin)'이라고 합니다. 유틸리티 토큰은 상품권이라 생각하시면 되는데요. (A 백화점 상품권을 A 백화점에서만 사용하듯이) B라는 블록체인 서비스를 이용하기 위해서는 B에서 발행한 토큰으로 지불을 해야 합니다. 관련 예시로는 이더리움이나 이오스 등이 있습니다.

비트코인은 금처럼 '가치 저장의 수단'이라고 생각합니다. 통화량이 정해져 있기 때문에 누군가 통화량을 통제할 수 없고 특정 알고리즘으로만 발행이 됩니다. 또한 누구나 채굴해서 보상을 받을 수 있다는 것이 특징입니다. 이러한 성질이 금과 유사하고, 그렇기 때문에 사람들이 비트코인을 가치 저장의 수단으로 인식해서 좋아하는 것 같습니다.

강민승 대표　　김태균 파트너님과 같은 생각을 하고 있습니다. 비트코인은 이 자체를 사용한다기보다는 이를 통해 가치를 저장하는 데 큰 목적이 있다고 생각합니다. 반면에 스테이블 코인이 대두되고 있는 것은 지금의 코인이 가지고 있는 변동성과 같은 리스크 때문에 산업에서 사용되지 못하는 문제점을 해결하기 위함이라고 생각합니다. 티몬(TMON)과 같은 사용처가 늘고 거래량이 증가하면서 유의미한 사례들이 지속적으로 증가할 것으로 예상합니다.

계속해서 '스테이블 코인(Stable Coin)'이야기가 나오고 있는데, 스테이블 코인이 무엇이며 이에 대한 전망을 어떻게 보시나요?

김태균 파트너　　각각의 토큰(Token)들은 저마다 발행하는 목적이 있는데요. 스테이블 코인을 예로 말씀드리면, 이 코인은 "1코인은 1,000원이고, 이 가격을 무조건 유지해"라는 목적에 의해서 발행된 토큰이라고 생각하면 됩니다. 그렇게 되면 가치 안정성이 보장됩니다. 기존의 비트코인이나 이더리움을 누군가에게 월급으로

222

써 주게 된다면 가치 변동 폭이 커서 수령액이 매달 달라질 수 있겠죠. 즉, 이것을 가지고 실질적인 거래를 하기에는 너무 비효율적입니다. 하지만 스테이블 코인은 가치 안정성을 가지면서 화폐의 세 가지 기능을 지니게 되는데요. 세 가지 기능은 '가치 척도의 기능', '가치 저장의 기능', '결제 수단의 기능'입니다. 이 말은 블록체인상에서 월급을 제공하거나 물건을 사거나 금융 거래를 하는 등 정상적인 경제활동이 가능하다는 것입니다.

테더(Tether)[22]에 대해서 조금 더 말씀을 드릴게요. 테더의 원리는 매우 간단합니다. 위에서 잠시 설명드렸듯이 1,000원을 주면 1,000원에 상응하는 토큰을 발행해주는 것입니다. 이러한 원리에 대한 인식이 퍼지면 거래소에서 토큰의 가격이 1,000원에서 900원으로 내려갈 때 사람들은 토큰을 매수할 겁니다. 이 토큰을 가지고 가면 100원을 벌 수 있기 때문이죠. 이를 '차익 거래(Arbitrage)'라고 말하며 이 원리로 인해서 가격이 계속 유지됩니다. 이러한 종류의 화폐를 '법정화폐 담보형' 스테이블 코인이라고 합니다.

메이커다오(MakerDAO)[23]는 비슷한 개념이지만 조금 다른 방식으로 작동합니다. 메이커다오는 1,000원이라는 법정화폐 대신에 이

---

22 테더는 홍콩의 비트파이넥스 거래소가 발행하고 미국 달러 가격과 연동되는 암호화폐다.

23 메이커다오는 이더리움을 담보로 잡고 달러에 연동된 스테이블 코인인 다이(DAI)를 발행하는 프로젝트다.

더리움이라는 암호화폐를 담보로 합니다. 이더리움 가격에 맞춰 스테이블 코인인 '다이(DAI)'를 주는 것이죠.

강민승 대표　　방금 말씀하신 것처럼 월급을 주는 등 실질적으로 사용하기 위해서 안정성이 필수적이지만 이를 만들기 위해서 지속적으로 해결할 부분이 있는 것 같습니다. 테더(Tether)가 미국 법무부에 의해서 계속 수사를 받고 있고요. 메이커다오(MakerDAO)도 획기적인 프로젝트로 각광을 받고 있지만 수수료가 급증하면서 변동성이 커지는 등 여전히 과도기에 있는 상태입니다.

최근 업비트(Upbit)에 다이(DAI)라는 1달러짜리 코인이 순간적으로 3달러까지 간 적이 있었죠. 유저들의 입장에서는 잘 몰라서 매입하고 난리가 났었는데, 1~2분 만에 원래의 가격으로 다시 돌아온 적이 있었습니다. 테더는 이러한 경우에 대해서 싸면 사고 비싸면 팔면서 안정성을 보장하고 있고, 메이커다오도 발행량을 조정하면서 대응을 하는데요. 테더 같은 경우는 투명하지 못해서 생기는 문제점이 많고 이를 개선하기 위해서 등장한 것이 메이커다오인데 이 역시도 여전히 안정성에 대한 의구심이 있습니다. 따라서 이를 개선할 프로젝트가 나올 거라고 생각합니다. 어쨌든 안정성은 기술·이론적으로 개선이 가능하고요. 이를 위해서 업계에서 많은 노력을 하는 중이라고 생각합니다.

김기영 대표　　스테이블 코인도 '완벽하게' 안정성을 유지한다는 것은 어려운 것 같습니다. 달러나 원화와 같이 이미 많이 쓰고 있는 화폐도 완벽한 안정성을 유지하는 것은 어렵죠. 대신 저희가 해야 하는 것은 이러한 기술적인 방법들을 통해서 변동성을 얼마나 최소화하는지가 관건이 될 것 같고요. 인류가 전통적인 화폐시장을 통해 쌓아온 노하우나 경험을 활용한다면 조금 더 스마트하게 안정성을 만들어 갈 수 있지 않을까 생각합니다.

* 관련 내용은 GBA Korea 2nd Block-talk 콘퍼런스에서 발췌되었습니다.

국내 블록체인 스타트업의
비즈니스 케이스

연창학 대표
블록오디세이(Block Odyssey)

임성은 대표
디콘(Decon)

김정현 COO
커먼컴퓨터(Common Computer)

본인의 이력과 현재 소속 기관에 대해서
소개 부탁드립니다.

연창학 대표　　안녕하세요? 저는 블록오디세이(Block Odyssey)라는 스타트업을 이끌고 있는 연창학 대표입니다. 대학교를 졸업하고 창업을 하고 싶어서 대학원을 취소하고 무작정 상경했습니다. 아이콘(ICON)으로 유명한 데일리금융그룹과 데이터 암호화 및 웹보안 회사인 펜타시큐리티에서 개발자 겸 기획자로 잠깐 일

GBA 2nd Block-talk에서 국내 블록체인 스타트업 비즈니스 케이스를 발표 중인 패널들.

을 했습니다. 이 정도 실무를 쌓았으면 창업을 해도 괜찮다는 오만한 자신감에 카이스트 창업 석사로 들어가 팀을 꾸려 창업을 하게 되었습니다(웃음). 아무래도 데일리금융그룹이나 펜타시큐리티에 있다 보니까 블록체인을 자연스럽게 접하게 되었고 실무를 접할 때부터 블록체인의 가치에 대한 가능성을 깨닫고 있었습니다. 그래서 대전에 내려가 팀을 꾸렸을 때 '블록체인으로 시장을 혁신해야겠다'고 생각을 했고, 블록오디세이라는 팀을 꾸려 창업을 하게 되었습니다.

회사는 2018년 5월 28일에 설립했고 아직 1년여밖에 되지 않았지만 저희 나름대로는 블록체인 업계에서 굉장히 유의미한 성과를 내고 있다고 자신합니다. 퓨처플레이(FuturePlay)라는 투자사와 아모레퍼시픽, 산업은행에서 투자를 유치 받았고요. 제가 알기로는 블록체인 전문 기업 중에서 최초로 TIPS(Tech Incubator Program for Startup Korea)에 선정되었습니다. 그 이후로는 국내 화장품 대기업, 글로벌 제약 회사, 한국 정부 기관 등과 블록체인 프로젝트를 하고 있고요. 중소기업벤처부 장관상을 수상하는 등 열심히 성장하고 있는 기업입니다.

김정현 COO   안녕하세요? 커먼컴퓨터(Common Computer)라는 블록체인 기술 스타트업에서 COO로 재직 중인 김정현입니다. 저는 구글(Google)에서 8년 정도 세일즈와 파트너십을 담당하는 일을 했습니다. 그러다가 현재 재직하고 있는 커먼컴퓨터에 합류했는데요. 커먼컴퓨터는 2018년 5월에 구글에서 같이 알고 지내던 엔지니어(현 대표님)가 창업했습니다. 그해 6월에 사무실에 방문해서 어떤 일을 하는지 들어봤는데 너무 재미있어 보여서 2주 동안 고민하다가 '이건 꼭 같이 해야겠다'고 결심하고 바로 합류하였습니다.

저희가 만들고 있는 솔루션은 블록체인을 기반으로 하는 클라우드 플랫폼입니다. 전 세계 개발자들이 오픈소스를 활용해 인공지능(AI)과 같은 대규모 애플리케이션을 개발하고 있지만, 과다한 클라우드 비용 및 기업 간 분리된 개발 환경 등이 어려움으로 작용하고 있습니다. 이를 해결하기 위해 전 세계적인 블록체인 기반의 연결된 멀티 클라우드 플랫폼을 개발하고 있습니다. 커먼컴퓨터는 2018년 10월에 패스트인베스트먼트와 홍콩 벤처캐피털인 액세스벤처스, 스켈터랩스의 조원규 대표님에게 시드 라운드(Seed

Round) 투자를 받았습니다. 2019년 8월에는 KB인베스트먼트, HB인베스트먼트, 하나벤처스로부터 시리즈 A 투자를 유치했습니다.

임성은 대표　　저는 디콘(DECON)의 공동 창업자이자 대표이사입니다. 이전에는 본엔젤스(BonAngels)라는 벤처캐피털에서 애널리스트로 있었고 런던에 있는 핀테크(FinTech) 회사에서도 5년 전에 근무하면서 블록체인을 처음 접했습니다. 기계공학과 경제학을 복수 전공한 엔지니어 출신으로 현재 팀에서는 기술 리드를 담당하고 있습니다. 간단히 디콘을 소개해드릴게요. 디콘은 오픈소스 시뮬레이션이나 메커니즘 기제를 연구하며 기업들이 블록체인을 도입할 때 필요한 시스템 설계도를 제공하고 있는 기술 기업입니다. 디콘은 아시아에서는 최로의 바이낸스(Binance)라는 거래소의 펠로(Fellow)이며, 테라(Terra)의 리서치 파트너, 해시드(Hashed)의 액셀러레이팅 부분의 어드바이저 등으로 다양하게 활동하고 있습니다.

진행 중인 프로젝트에 꼭 블록체인이 필요한가요?

연창학 대표　　저희 프로젝트에는 무조건 필요하다고 말씀드릴 수 있을 것 같아요. 저희는 블록체인에 물류·유통 이력을 기록하고, 이러한 정보를 기반으로 정품 인증 등의 기능을 제공해주고 있습니다. 물류 산업에서는 블록체인 없이 유통 정보의 공유가 어렵기 때문인데요. 실제로 기업들을 만나서 얘기를 들어보면 협력사에서 들어오는 정보조차도 믿지 못하고 정보의 싱크가 맞지 않는 경우도 있습니다. 데이터를 주고받는 기술 자체도 어렵지만 여기에는 정치적인 이슈도 있습니다. 갑이 확실하게 있고 을, 병, 정으로 구성되는 물류 유통 산업의 경우 데이터를 갑의 데이터베이스에 쌓을 수 있습니다. 그러나 갑과 갑의 관계에서 데이터 교환을 할 때는 이에 대한 주도권 싸움이 치열합니다. 예를 들어서 말씀드리면 국내 화장품 유통사가 다른 IT 기업과 데이터 교환을 할 때 중계 데이터는 누가 구축하고 데이터베이스의 소유권은 누가 가지며 양산의 형식은 어떻게 표준화할지 등 정치적인 이슈가 생깁니다. 이런 과정에 블록체인을 이용하면 모두가 공평한 참여자가 되기에 합의된 규칙을 만들어 신뢰를 할 수 있게 됩니다. 따라서 저희 서비스에서는 블록체인이 꼭 필요합니다.

김정현 COO　　간단히 비유하자면, 5~10년 전 개발자들이 만들었던 제품의 복잡도가 자전거라면, 인공지능 기술의 발전으로 현재의 개발자들이 만드는 제품의 복잡성은 비행기 정도로 볼 수 있습니다. 빅스비(Bixby)와 같은 인공지능 애플리케이션을 만들려면 상당히 많은 프로그램이 필요한데요. 예를 들면 자연어 처리를 위한 머신러닝(Natural Language Processing) 모델, 인덱싱을 위한 프로그램, 음성인식 프로그램 등 굉장히 많은 모듈들이 필요합니다. 그래서 이러한 서비스를 만들기 위해서는, 오픈소스를 기반으로 각 회사가 이 모든 프로그램을 다 새롭게 개발해야 하고 이를 위한 연산 자원과 인력 자원이 엄청나게 들어갑니다. 단순한 예로, 알파고 제로 훈련을 위해 컴퓨팅 자원이 얼마나 들어갔는지 추산을 해보니, 약 2주간의 트레이닝을 위해서만 약 350억 원의 비용이 발생했다고 합니다. 이처럼 인공지능이 탑재된 고도화된 애플리케이션 및 서비스들은, 개인 혹은 작은 조직 단위에서 만들어지기 굉장히 어렵습니다. '구글 어시스턴트(Google Assistant)'와 같은 인공지능 애플리케이션은, 개인 단위에서는 만들기가 불가능하고 이런 큰 프로젝트를 경험하기 위해서는 구글 정도 규모의 회사에 소속되는 것이 가장 현실적인 방안입니다.

인공지능 분야의 개발은 많은 발전이 필요하며, 이를 위해서는 단순 대기업 외에도 많은 개인 및 작은 연구 기관들의 기여가 필요합니다. 즉, 큰 금전적인 부담 없이도 대규모 애플리케이션 개발에 참여할 수 있는 환경이 조성되어야 합니다.

이러한 문제를 풀기 위해서는 전 세계적으로 연결된 클라우드 환경에서 개발자들이 협업할 수 있어야 합니다. 개인들이 작지만 대규모 애플리케이션에 반드시 필요한 프로그램을 개발하고 배포하여, 다른 기업이나 단체에서 가져다 씀으로써 개인이 수익을 창출할 수 있는 환경이 필요합니다. 여기에는 유휴 상태로 있는 GPU/CPU를 공유하는 자원 제공자, 혁신적인 프로그램을 개발할 수 있는 개발자, 이런 프로그램을 별도의 서버 구축 없이 사용하여 대규모 애플리케이션 개발에 활용할 수 있는 사용자가 참여합니다. 각 참여자는 플랫폼 중개를 거치지 않고, 정해진 규약에 의해 자유롭게 거래하고 그 결과가 블록체인을 통해 기록됨으로써 신뢰 없이(trustless)도 전 세계의 참여자들과 일을 할 수 있습니다. 저희가 그리는 청사진에서는, 블록체인이 없으면 이러한 시스템 자체가 구축될 수가 없습니다.

임성은 대표　'자원 분배의 최적화'와 '데이터 오너십(Ownership)'이라는 두 가지 꼭지로 질문에 대한 답을 할 수 있을 것 같습니다. 인공지능 개발에서 '자원 활용의 최적화'를 위해서 블록체인이 필요합니다. 클라우드 탄생 배경으로 비효율적인 머신(Machine) 운영이 있는데요. 개인적으로 머신을 운영할 때 머신의 자원을 100퍼센트로 사용하지 않습니다. 100이라는 자원에서 80만 쓰고 20이라는 굉장히 많은 자원이 남습니다. 오픈소스 블록체인 프로젝트는 이러한 유휴 자원들을 경제적인 대가들을 주면서 최적화하여 활용할 수 있다는 점에서 실효가 있습니다.

두 번째 이유는 '데이터 오너십'입니다. 지금까지는 저희가 생산한 데이터를 저희도 모르게 누군가 이용해서 수익을 만들었습니다. 이런 일들이 반복되고 데이터의 양이 증가하면서 '물리적인 것도 주고받으며 수익을 나누는데 데이터도 그렇게 해야 하는 게 아닐까?'라는 의문들이 생기기 시작했습니다. 여기가 바로 블록체인이 필요한 영역인데요. 블록체인 기술을 통해 데이터 자체에 키(Key)를 심어서 오너십을 확립하면 수익을 정확하게 분배할 수 있습니다. 데이터에 키(Key)를 부여해서 데이터 유통 경로를 파악하고,

이를 저장해서 신뢰성을 확보하고, 확보된 신뢰성을 기반으로 하는 토큰이 매개체로서 경제적인 가치를 가지게 되는 겁니다.

블록체인 사업을 하면서 느꼈던 어려움은 무엇인지 궁금합니다.

연창학 대표　　어려움이라고 하면 크게 '투자를 받는 것'과 '사업화'하는 두 가지 측면이 있는데요. 작년에 시드 라운드 투자를 받을 때 블록체인 사업을 한다고 말하니까 관계자분들이 너무 좋아했습니다. 아이템도 물어보지 않고 투자를 해준다는 분위기였죠(웃음). 그런데 최근에 추가 투자를 받기 위해서 시장 분위기를 보니까 블록체인 사업에 대해서 부정적으로 바뀐 것을 느꼈습니다. "이더리움(Ethereum)도 몇 천억 씩 받았어도 큰 변화가 없는데 너한테 30억을 투자한다고 해서 뭐가 되겠어?" 하는 분위기였습니다. 지난 수년간 블록체인 사업이 투자를 받아서 벌어간 돈이 수백억에서 수천억이 됩니다. 이 분야에서 이렇게 많은 비용이 쓰였음에도 아직까지 현실에서 쓰일 만한 서비스가 없기에 VC(Venture Capital)에 있는 분들이 블록체인 사업에 두려움을 갖고 있는 것 같습니다. 그래서 현재의 투자 업계에서는 블록체인을 떠나서 서비스가 잘 정착될 수 있다는 것을 증명하는 것이 중요해졌습니다.

사업화 측면에서 말씀을 드리면요. 블록체인이 한참 '핫'할 때인

2017년과 2018년에는 블록체인이 만능 기술인 줄 알고 온갖 곳으로부터 연락을 받았습니다. 그런데 막상 요청을 들어보면 무엇을 하고 싶은지도 모르는 경우가 태반이었죠. 이런 요청은 블록체인이 워낙 좋으니까 무엇인가 해달라고 하는 경우였습니다. 그래서 작년에는 의미 없는 미팅이 많았습니다. 일주일에 10번씩 미팅을 했는데 실제로 사업화까지 이어지는 경우는 거의 없었습니다. 기술이라는 것이 아무리 좋다고 하더라도 적용하는 분야가 명확해야지 기술을 통해서 혁신할 수 있습니다. 긍정적인 부분은 올해 들어서 분위기가 상당히 많이 바뀌었다는 것입니다. 굉장히 '구체적인 요청 사항'으로 연락을 주는데요. 일례로 건강식품을 만드는 회사가 유통 경로 및 품질 보증서를 블록체인에 올리고 싶다는 요청이 있었습니다.

한 가지 더 말씀을 드리면. 사업 모델에 따라서 애로 사항이 다른 것 같습니다. 블록체인을 통해서 한 기업의 내부를 혁신하겠다고 하면 그나마 쉽습니다. 하지만 저희와 같은 사업 모델은 여러 개의 기업이 동시에 혁신해야 합니다. 제조사, 유통사, 판매사가 함께해야 의미가 있는 사업이기 때문인데요. 그나마 저희는 아모레퍼시픽이라는 대형 투자사가 있고 시장 영향력이 큰 글로벌 제약 회사와 함께 사업을 진행하고 있기 때문에 유통사를 사업 모델로 끌고 들어오는 게 어렵지 않습니다. 솔직하게 말씀을 드리면, 힘이 없는 중소업체들이 이러한 사업 모델을 한국에서 한다는 것은 쉽지 않고 이러한 점이 블록체인 사업을 하면서 겪는 애로 사항입니다.

김정현 COO　미국의 유명한 시드 액셀러레이터(Seed Accelerator) 중 하나인 와이콤비네이터(Y-Combinator) 창업주인 폴 그래엄은 "디스트렉션(Distraction)만큼 스타트업을 죽이는 게 없다"라고 말했는데요. 저는 이 말에 깊이 공감합니다. 토큰 발행을 통해 자금을 조달한 많은 블록체인 스타트업들이 이것(Distraction) 때문에 많이 어려움을 겪습니다. 제품과 사용자에만 집중을 해도 시간이 모자라는 스타트업들에게, 토큰 발행은 너무나도 크고 다른 영역의 노력과 시간을 요구합니다. 지분 투자에 집중하시는 VC 회사는 약 5년에서 10년 후를 바라보고 투자를 하는 것이 일반적이지만, 토큰을 통한 투자는 회수 기간이 몇 배는 짧습니다. 그렇기에 토큰을 발행하는 블록체인 스타트업은 투자자(개인 및 기관 포함)와의 커뮤니케이션에 엄청난 시간을 쏟게 됩니다. 블록체인 스타트업이 살아남기 위해서는, 결국 좋은 제품을 만들고 그 사용자들에게 집중할 수 있는 환경이 마련되는 것이 가장 중요한 것 같습니다.

임성은 대표　규제가 없는 것이 문제입니다. 해외 고객과 계약을 하면 대금을 받기 위해서 '인보이스(Invoice, 송장)'를 발행해야 합니다. 인보이스는 은행에서 발급받아야 하는데 은행은 계약서에 관련 규제가 없으니까 '블록체인'이 적혀 있으면 인보이스를 발행해주지 않습니다.
이것은 매우 큰 문제점입니다. 현재는 이러한 문제점을 해결하고자 용역 계약을 통해 사업을 진행하는데요. 이처럼 규제 자체가 없으니까 한국에서는 관련 사업을 하는 것 자체가 어렵습니다. 그래서 저희는 미국에 회사를 세웠고요. 저희뿐만 아니라 대부분의 기업이 자금이나 핵심 기술을 미국이나 싱가포르에서 운영하는 게 현실이죠. 그런데 법인 자체는 하나의 인격체가 될 수 있습니다. 외국에 법인을 둔 기업의 경우 해당 국가가 기술 주도권을 주장하면 우리나라 사람이 법인을 만들었어도 법인이라는 인격체는 미국인이나 싱가포르인이 되는 것입니다. 결론적으로 말씀드리자면 우리나라 입장에서는 이미 기술이나 자본 주도권을 많이 뺏겼기에 이러한 상황들이 가속화된다면 블록체인에서도 본전을 찾지 못할 가능성이 굉장히 높습니다.

블록체인 스타트업을 준비하는 사회 초년생과 학생들에게 조언 부탁드립니다.

임성은 대표   대부분의 유명한 블록체인 프로젝트들은 오픈소스를 사용합니다. 오픈소스를 사용한다는 말은 내가 코드를 만들어서 프로젝트에 정당한 기여를 할 수 있다는 뜻이에요. 그래서 저는 컴퓨터공학(Computer Science)을 열심히 공부하고 오픈소스에 기여를 많이 하라고 추천해드리고 싶습니다. 바로 이런 것들이 학벌이나 다른 어떠한 부분보다도 중요한 가치가 될 수 있기 때문입니다.

김정현 COO　　　가장 중요한 것은 결국 '팀'입니다. 혼자서는 아무 것도 할 수 없습니다. 개발자가 아니면 좋은 개발자를 공동 창업자로 확보하시길 권유합니다. 그 외에도 최소한 두 명에서 세 명 정도 같이 일할 수 있는 좋은 팀을 꾸리는 것이 중요합니다. 또한 초기 자금을 확보하는 것도 중요한데요. 최근에는 스타트업 정부 지원 사업이 많이 있는 것으로 알고 있습니다. 이런 프로그램에 적극적으로 지원하는 것을 추천합니다.

연창학 대표　　　현재 발행된 토큰은 3,000개가 넘습니다. 이 말은 지금 생각하시는 블록체인 사업이 웬만하면 다 존재한다는 의미입니다. 그래서 새로운 혁신적인 아이디어로 사업하는 것은 굉장히 어려운 것 같아요. 이미 나와 있는 프로젝트와 경쟁하기 위해서는 좋은 기술, 많은 자본 등이 필요할 텐데 저희와 같은 사회 초년생이 많은 자본을 확보하기는 어렵기 때문에 결국 승부수는 기술을 확보하는 것이라고 생각합니다. 하지만 좋은 기술을 갖는 것도 스타트업에게는 굉장히 어렵습니다. IBM이나 인텔 등 유명한 대기업들이 수백 명의 엔지니어들과 함께 메인넷도 만들고 있기 때문이죠. 따라서 이러한 시점에서 블록체인 사업을 하고 싶다면 먼저 사업 모델에서 블록체인 기술이 '꼭' 필요한지 고민해봐야 합니다. 그래도 블록체인이 없으면 안 되겠다는 판단이 들면 체계적으로 사업 모델을 구상하여 VC 관계자들에게 미리 검증을 받는 것도 추천해드립니다. 그리고 그런 아이템을 자체적으로 잘 개발할 수 있는 팀을 모으는 것이 가장 중요할 것입니다.

마지막으로 하실 말씀이 있다면 부탁드리겠습니다.

임성은 대표   많은 분들이 퍼블릭 블록체인의 유효성에 대해서 질문합니다. 비유를 들어서 말씀 드리면 터치폰 서비스를 기획할 때 UX(User Experience) 디자인에 들어가는 생각은 피처폰 서비스를 기획할 때와 완선히 달났습니다. 터치폰 서비스를 사용하는 환경이 기존의 피처폰과 확연하게 달랐기 때문이죠. 이와 같이 우리를 둘러싼 환경이 변한 것처럼 퍼블릭 블록체인이 우리 생활에 접목된다는 것은 우리가 기존에 생각하고 있던 경제 생태계나 거버넌스가 바뀐다는 것입니다. 이러한 점을 고려해서 앞으로 도래할 퍼블릭 블록체인의 가능성도 기대한다면 좋을 것 같습니다.

김정현 COO   현재 블록체인 업계는, 킬러 애플리케이션의 부재로 전반적인 분위기가 많이 얼어붙은 것 같습니다. 상황이 이렇게까지 온 것에는, 저희 같은 스타트업이 더 잘하지 못한 것도 그 원인 중 하나입니다. 그러나 닷컴붐 시절(정보 기술 분야의 호황기) 인터넷 기술이 성숙하고 사업화되기까지 걸린 시간을 고려해보면, 블록체인 기술 역시 실생활에서 서비스로 구현되기 위한 시간이 필요한 것이 사실입니다.

저희에게 항상 많은 조언을 주시는 노정석 대표님이 작년 시드 투자 때 해주신 말씀이 있습니다. "회사가 기본적인 모습을 갖추기 위해서는 최소 1년이 걸린다. 시드 자금을 통해 대단한 것을 이루려고 하기보다는 기본적인 회사의 틀을 잡기 위한 돈이라고 생각해달라"라고 하셨습니다. 그 당시에는 무슨 말인지 잘 이해하지 못했지만, 1년이 지나니 알게 되었습니다. 정말 제대로 된 회사의 모습, 문화, 제품이 자리를 잡기까지 대표님 말씀대로 딱 1년이 걸렸습니다.

여러분께 드리고 싶은 말은, 많은 블록체인 스타트업들은 저희와 같이 열심히 하고 있지만, 기술의 성숙까지의 필요한 시간 그리고 회사가 틀을 갖추기 위한 시간이 조금은 필요하다는 것입니다. 이 점을 이해해주면 좋겠습니다. 단기적으로 토큰 가격의 등락을 보기보다 틀을 갖춘 후의 무한한 성장 가능성을 봐주길 부탁드리겠습니다.

연창학 대표　　블록체인 스타트업을 운영하는 사람으로서 블록체인 스타트업을 권장해드리기 어렵습니다. 이 일이 굉장히 어렵다는 것을 누구보다도 잘 알기 때문입니다. 일반적인 서비스를 기획하고 성공시키는 것도 굉장히 어려운데요. 퍼블릭 블록체인을 기획하면 토큰 경제까지 고려해야 하고 프라이빗 블록체인을 기획하면 기업의 임원들을 상대해야 합니다. 생각하는 것처럼 꽃길이 보장된 쉬운 길은 아닌 것 같습니다.

그럼에도 불구하고 블록체인은 꼭 공부하라는 말씀을 드리고 싶습니다. 이른 시일에 많은 서비스가 블록체인 기반으로 바뀔 것이라는 확신이 있기 때문인데요. 페이스북(Facebook)의 리브라(Libra) 토큰처럼 결제나 금융 분야에서 굉장히 유의미한 토큰들이 나올 것이고요. 이미 물류와 유통 과정에서는 LVMH(세계 3대 브랜드) 등 유명한 브랜드들이 블록체인을 기반으로 시스템을 구축하고 있어요. 이처럼 빠른 시간 내에 여러분들의 삶은 블록체인에 녹아들 것입니다. 따라서 블록체인 기술을 이해하고 활용할 수 있다면 미래의 여러분들은 더 가치가 높은 사람이 될 것입니다.

* 관련 내용은 GBA Korea 2nd Block-talk 콘퍼런스에서 발췌되었습니다.

에필로그

블록체인은 비트코인이 아니다. 암호화폐도 아니다. 비트코인은 수많은 암호화폐 중 하나고, 암호화폐는 블록체인을 이용해서 만든 성공적인 사례 중 하나에 불과하다. 블록체인 기술의 활용 방안은 무궁무진하다. 미국 실리콘밸리에서는 블록체인을 '제2의 인터넷'이라고 부를 정도다.

블록체인은 다양한 산업에서 맞춤형 방식으로 적용되어 새로운 패러다임을 형성할 것이다. 인터넷 검색 시장을 예로 들어보자. 현재 해당 시장은 구글, 네이버 등 특정 플랫폼 업체들이 절대적인 권력을 누리고 있다. 어마어마한 양의 데이터가 이들에게 집중되기 때문이다. 하지만 만약 블록체인 기술을 통해 거래 정보를 다수의 대중(public)에게 분산 저장할 수 있다면 어떻게 될까? 구글, 네이버, 아마존의 서버가 아닌 전 세계 각 가정의 컴퓨터에 비어 있는 저장 공간을 데이터 스토리지로 활용할 수 있다면? 우리는 암호화폐를 통해 블록체인이 갖고 있는 탈중개성(de-centralization)의 가능성을 이미 목격했다. 검색 시장에도 충분히 적용될 수 있는 시나리오다.

'탈중앙화'와 '신뢰의 회복'은 거대한 시대적 흐름이다. 그리고 블록체인은 이 같은 시대적 흐름에 매우 훌륭하게 부합하는 새로운 기반 기술이다. 세계경제포럼에서는 전 세계 총생산량(GDP)의 10%에 해당 되는 부분이 블록체인에 저장될 것이라는 주장이 나왔으며, 세계적인 미래학자 돈 탭스콧은 블록체인을 '제2의 인터넷 혁명'이라 정의했다. 억만장자 투자자인 워런 버핏도 '블록체인은 독창적(ingenious)이고 중요한 (important) 기술이다'라고 말했다.

지난 2년간 블록체인·암호화폐 업계는 다사다난한 시간을 보냈다. 그럼에도 불구하고 블록체인·암호화폐 산업은 진화를 멈추지 않고 있다. 앞에서도 말했듯이 삼성전자는 스마트폰인 갤럭시 S10에 암호화폐 지갑을 탑재했고, 뉴욕증권거래소를 소유하고 있는 ICE는 비트코인 선물거래 플랫폼 백트를 출시했다. 국내 대표 IT 기업인 네이버와 카카오 역시 자체 메인넷 구축과 블록체인 생태계 확장에 뛰어들었다. 카카오는 사용자에게 보상형 암호화폐를 지급하는 블록체인 플랫폼 '클레이튼 (Klaytn)'을 공개했고, 2019년 9월에는 삼성전자와 협력해 블록체인 스마트폰 '클레이튼폰'을 출시할 것이라고 발표했다. 네이버의 자회사 라인도 자체 암호화폐인 '링크(LINK)'를 개발했다.

글로벌 IT 공룡들도 마찬가지다. 알리바바와 함께 전 세계에서 가장 많은 블록체인 특허 기술을 보유하고 있는 IBM은 물류·유통 등 다양한 분야에서 지속적으로 비즈니스 케이스를 만들고 있다. 전 세계 25억 명의 이용자를 보유한 세계 최대 SNS 기업 페이스북도 블록체인 산업에 뛰어들었다. 블록체인 기반의 암호화폐인 리브라(Libra)를 통해 가장 기본적인 금융 서비스조차 접근할 수 없는 17억 명의 세계인들을 위한 금융 인프라를 제공할 계획이다.

블록체인은 4차 산업혁명의 중심이 될 것이다. 금융·유통·컨텐츠·미디어 등 핵심 산업의 비즈니스 모델이 블록체인·암호화폐를 통해 재편될 것으로 예상된다. 20세기의 인터넷이 그러했듯 21세기의 블록체인은 모든 산업을 근본적으로 변화시킬 수 있는 기반 기술이다. 특히 불필요한 중앙 관리자(middleman)를 없애고 신뢰(trust)의 구축이 필요한 영역에서 빠르게 적용될 것으로 보인다.

우리는 지금 블록체인·암호화폐를 얼마나 제대로 이해하고 활용하고 있는가?

필자는 오랜 기간 해외에서 유학을 하면서 다양한 국가의 수재들을 만날 수 있었다. 그렇기에 누구보다 대한민국이 갖고 있는 탁월함에 대한 확고한 믿음이 있다. 대한민국의 우수한 인재들이, 디지털 시대를 맞이하는 이 시점에, 블록체인이라는 날개를 달고 높게 비상하는 데 이 책이 조금이나마 도움이 되길 바란다.

거대한 시대적 흐름을 놓치지 말자. 먼저 준비하고 빠르게 대응하자.

아는 것이 힘이다. 아직 늦지 않았다.